Recruter sans se tromper

Conseils et techniques d'un « chasseur de tête »

Éditions d'Organisation
1, rue Thénard
75240 Paris Cedex 05
Connectez-vous sur notre site :
www.editions-organisation.com

Victor ERNOULT

Recruter sans se tromper

Conseils et techniques d'un « chasseur de tête »

Préface de Jacques LANDREAU
Ancien président de Syntec Recrutement
Ancien président de la Confédération des conseils en recrutement
Président de SEFOP

Éditions d'Organisation

Collection de l'Institut MANPOWER

Associer la recherche universitaire à l'évolution des besoins et des politiques d'entreprises ; permettre le recul et l'analyse critique en matière d'organisation des entreprises, de management et de gestion sociale ; favoriser une vision prospective et l'ouverture internationale ; stimuler la réflexion sur les nouvelles formes de travail ; analyser les marges de manœuvre et les réponses des entreprises aux niveaux régional, national et international : tels sont les objectifs que se fixe l'Institut Manpower, à travers sa collection aux Éditions d'Organisation.

REMERCIEMENTS

Nombreux sont ceux qui directement ou indirectement ont contribué à la rédaction de cc livre. Je les en remercie et, tout particulièrement :

Patricia Marzella pour son efficacité dans le collectionnement des données.

Jean-Marie Lefèvre, dirigeant d'entreprise qui m'a servi de référence.

Simone Proust et Anne-Laure Cabos pour leur relecture efficace.

Dominique Van Egroo pour son aide professionnelle et amicale dans la structuration de ce livre.

Mes « partenaires », clients, candidats, les équipes Ernoult Search et Optimhom qui ont alimenté ce travail au quotidien.

Les entreprises enfin et EURO-RSCG qui ont accepté que certaines de leurs annonces illustrent ces propos.

Sans oublier Jacques Landreau qui a présidé Syntec Recrutement pendant de nombreuses années et a accepté de rédiger la préface de ce livre qu'il aurait pu écrire.

Je suis reconnaissant aussi à Marie-Pierre Sanchez, graphologue conseil, pour son travail et nos échanges et à monsieur Giraux du Groupe Hay pour son éclairage sur les descriptions de fonction.

Sommaire

Préface

Il y a une grande satisfaction pour l'esprit à découvrir un ouvrage technique dont la lecture ne soit pas réservée aux spécialistes et dont l'auteur ait contrôlé longtemps dans sa propre pratique la valeur des méthodes qu'il se propose de décrire.

S'agissant du recrutement, discipline à propos de laquelle tant de gens estiment avoir à dire, ou même à écrire, l'exercice revêt un intérêt double : il recense de façon à peu près exhaustive les règles et procédés pour recruter, tels qu'ils ont été définis par de nombreuses études et vérifiés par des années d'expérience, et il met, sous forme simple et didactique, à disposition du lecteur un enseignement autant spontané que rigoureux.

Il est vrai que Victor Ernoult avait pour mener cette entreprise quelques solides références. Il y a plus de vingt ans qu'il dirige le cabinet de conseil en recrutement qu'il a créé et, pour beaucoup, son nom est un repère dans la profession. Parallèlement, il n'a cessé depuis ses études de psychologie, en France et aux États-Unis, de poursuivre un travail de recherche ponctué par la publication de plusieurs ouvrages de vulgarisation. Victor Ernoult est enfin professeur de « psychologie du travail » à l'École des psychologues praticiens. Le parcours est bien celui de l'« honnête homme » des ressources humaines, qui alterne en permanence pratique et théorie et qui soumet constamment son discours aux contraintes de la publication et à l'exigence critique de ses étudiants.

L'architecture du livre en huit chapitres, qui s'enchaînent les uns aux autres pour ne rien aborder de nouveau qui n'ait été préparé par une réflexion précédente, porte la marque du professeur et du consultant. Elle donne aussi à l'ensemble une impression de solidité et d'harmonie.

« Vous voulez recruter ? Tout beau, Messeigneurs, vous y êtes-vous préparés et avez-vous donné à votre compétence fragile les supports méthodologiques qui peuvent l'étayer ?

Vous prétendez évaluer votre prochain ? Mais avez-vous pris la distance indispensable pour mesurer vos propres limites et éviter ainsi de juger autrui à une aune trop courte ?

Vous vous entourez de conseils ? Savez-vous au moins sur quels critères distinguer les « charlatans » des professionnels ? »

On l'a compris, ce livre d'un auteur qui croit en l'homme ne va pas dans le sens du renoncement à l'effort intellectuel ou du compromis éthique. Il est langage de vérité et, partant, d'efficacité.

Au chapitre 6, Victor Ernoult décrit la méthode connue sous le nom d'« assessment center » qu'il a lui-même introduite en France puis développée de façon tout à fait originale. Il explique cette technique, à la fois pragmatique et psychologiquement très élaborée, qui consiste à tester, en quelque manière *in vivo*, les aptitudes d'un individu en face de situations imprévues et ne se cache pas d'un attrait particulier pour une démarche qui privilégie la réalité des choses tout en respectant la liberté des personnes.

Pour lui en effet la charge des ressources humaines, notamment celle du recrutement assumée en entreprise ou par un conseil extérieur, devrait l'être comme une fonction élitaire.

Il y a pour ceux qui font profession de conseiller et d'orienter, comme pour ceux à qui il revient de statuer, une invite à l'excellence. C'est le caractère sacré de la personne humaine qui détermine sa prééminence dans l'univers économique et qui fait du recrutement l'un des actes les plus parfaits du management. Les chefs d'entreprise que je rencontrais au début de ma carrière, il y a une trentaine d'années, ne s'y trompaient pas, qui avouaient leur hésitation à déléguer, ne fut-ce qu'en partie, ce qu'ils considéraient comme l'un des aspects les plus importants de leur mission.

Il est acquis par les textes constitutionnels que l'entrepreneur a le droit absolu de choisir ceux avec qui il veut entreprendre et que, réciproquement, l'individu a celui de décider librement où et avec qui il veut travailler. Le Code du travail, enrichi en 1992 par les « Dispositions relatives au recrutement et aux libertés individuelles », précise les limites de ces droits et fixe pour les deux parties les devoirs correspondants. Mais au delà des textes il y a les comportements, et d'innombrables confidences rapportent à l'envi combien, dans ce domaine si sensible, des responsables certainement respectueux par ailleurs des règles de morale ou de courtoisie deviennent capables d'incroyables débordements.

De la même façon, combien d'entreprises, combien de cabinets déplorent la désinvolture ou la duplicité de certains candidats ?

Le recrutement est un théâtre où se produisent plusieurs acteurs.

L'entreprise d'abord. Contrainte de tous côtés par la concurrence et les lois du marché, il ne lui est pas toujours facile de se rappeler qu'à côté du profit et de la création des richesses, sa finalité est aussi l'épanouissement de ceux et de celles qui y travaillent.

Les candidats ensuite. Aujourd'hui les autres, demain nous-mêmes, ou nos fils et nos filles. Quels qu'ils soient, ils vivent ce moment avec intensité, en quête souvent chez leur interlocuteur simplement d'un peu d'humanité dans la relation.

Le décideur enfin, qui tranche. Il doit expliquer à l'élu les raisons de son choix et, dans toute la mesure du possible, révéler aux autres le regard qu'il a porté sur eux et leur donner ainsi pour la prochaine étape un inappréciable viatique.

La qualité du recrutement en cause tient à la loyauté et à l'honnêteté de toutes les parties, quand il s'agit pour l'un de présenter un curriculum vitæ et pour l'autre d'exposer un projet d'entreprise. Ce n'est pas, comme on a pu l'écrire par antiphrase, un conflit qui s'engage mais plutôt une collaboration qui s'amorce.

Les temps que nous vivons sont marqués par le phénomène de la mondialisation. Cette nouvelle donne affecte tout l'environnement de l'entreprise, et notamment le marché de l'emploi. Génératrice pour les candidats d'espoirs parfois insensés et d'angoisses tout aussi excessives, elle place ceux qui doivent recruter devant de nouvelles contraintes. Il s'agit pour eux d'évaluer les risques et les possibilités de collaboration avec des hommes et des femmes issus de cultures et de formations de plus en plus variées, de moins en moins cloisonnées, et qui évoluent eux-mêmes dans un monde très mouvant. Relever pareil défi réclame du métier.

Léonard de Vinci, dit-on, enseignait à ses élèves : « l'exactitude d'abord, l'habileté ensuite ».

Alors, puisqu'il faut en premier lieu maîtriser sa technique pour bien s'exprimer dans son art, ne tardez plus maintenant à lire les pages qui suivent, elles en apprendront à plus d'un sur l'art de recruter.

Jacques Landreau
Ancien président de Syntec Recrutement
Ancien président de la Confédération des conseils en recrutement
Président de SEFOP

3

Introduction

Recruter est un des actes clés du management. Sa spécificité est d'avoir un impact immédiat sur la vie des personnes et sur celle de l'entreprise.

Très classiquement, le recrutement est la conclusion d'une série de rencontres et de mises au point entre au moins deux personnes : un employeur et un individu dont les compétences professionnelles répondent à la demande de celui-ci.

Selon la complexité de cette demande et la taille de l'entreprise qui recrute, une troisième personne peut intervenir : le consultant, qu'il soit interne ou externe à l'entreprise. La qualité de ses conseils et sa capacité à mettre en relation les souhaits du recruteur et le profil du candidat sont le gage de son savoir-faire.

C'est ce savoir-faire du consultant qui est ici mis à la disposition du lecteur pour lui permettre de se familiariser avec les différentes techniques de recrutement et d'acquérir les bases de ce savoir-faire. Il ne s'agit pas de présenter une panoplie de recettes miracles qui garantissent la bonne prise de décision finale mais d'en assurer le sérieux de la préparation. Recruter (et/ou se faire recruter) requiert l'intervention de plusieurs acteurs qui vont suivre diverses étapes. Les chapitres abordés dans ce livre développent les phases clés du recrutement et s'adressent plus particulièrement à toute personne qui est amenée à recruter dans le cadre de ses fonctions : chef d'entreprise, directeur des ressources humaines, chef du personnel… que nous appellerons par convention le recruteur.

Nous avons eu le souci de nous mettre dans la peau du dirigeant d'entreprise ou du responsable hiérarchique qui doit élaborer, seul ou accompagné, les opérations qui vont lui permettre d'identifier les candidats susceptibles de l'intéresser, la façon de les approcher et celle ensuite de les évaluer pour pouvoir choisir le candidat le mieux adapté aux responsabilités envisagées.

C'est donc ce dirigeant d'entreprise ou ce responsable hiérarchique, cette personne décisionnaire, que nous avons prioritairement en ligne de mire. L'acte de recrutement n'est pas son lot quotidien, il ne s'agit pas de sa seule activité. En général, il ou elle n'a pas suivi de formation très poussée dans ce domaine : ce livre lui indiquera les bonnes attitudes et les bons réflexes à acquérir plutôt que des recettes simplistes. Pour le lecteur qui envisage une formation plus approfondie ou qui décide de s'appuyer sur une expertise interne ou externe à son organisation, cet ouvrage contribuera à son efficacité. Entouré ou non de spécialistes, d'experts ou de co-décisionnaires, notre lecteur est en priorité le futur manager du cadre à recruter. En aucun cas, il ne peut s'écarter ou être écarté de la décision.

Le deuxième personnage concerné par cet ouvrage est le « spécialiste », nouvellement entré dans ses fonctions, parce qu'il vient d'un autre métier ou qu'il est frais émoulu d'une formation universitaire. Ce livre devra lui permettre de se plonger dans des questions pratiques, de mieux comprendre les autres acteurs pour leur apporter le service attendu et de mieux utiliser les prestataires internes ou externes à l'entreprise, car un recrutement ne se fait jamais entièrement seul. Il est bien entendu que l'expert rodé aux techniques d'entretien ou de tests ne tirera pas de ce livre un bénéfice technique lui permettant d'approfondir son expertise mais il y verra un partage d'expérience.

Enfin, ce livre peut être utile aux personnes en recherche d'emploi ou susceptibles de l'être : cadres ou futurs cadres, non-cadres qui envisagent à terme des rôles d'encadrement ou une évolution dans une expertise qui leur attribue ce statut. Faut-il rappeler en effet que la distinction cadres et non-cadres est une spécificité surtout française ? À court terme, le passage d'une catégorie à l'autre sera de plus en plus fréquent et la frontière moins marquée. Ceci d'autant plus que l'européanisation a une influence forte sur les métiers et leurs statuts, indépendamment des frontières. Sur le marché du travail, le décisionnaire du côté de l'entreprise n'a pas un pouvoir exclusif – et il doit en être conscient. Le candidat lui-même est aussi en position de choix, choix de répondre ou non à une annonce, choix d'accepter ou de refuser un rendez-vous et choix, souvent, entre plusieurs offres. Or, il pâtit d'une forte carence de vraies réponses à un besoin par ailleurs clairement exprimé. Ce livre lui permettra de bien comprendre le processus d'un recrutement et les questions que se pose l'évaluateur, qu'il s'agisse d'un spécialiste autorisé, conduisant l'évaluation avec une « boîte à outils », ou encore d'un décisionnaire manager, futur patron du candidat, le plus souvent sans beaucoup d'outils, mais néanmoins tout aussi autorisé : entrer dans la problématique du recruteur, dans les « coulisses de l'emploi », l'aidera à bien saisir les attentes et à mieux y répondre.

L'année 2000 a été marquée par l'explosion des nouvelles technologies qui ont eu et auront un très fort impact sur les possibilités de « sourcing » de candidatures et de communication avec les candidats. Internet, notamment, permet l'utilisation en temps réel de larges bases de données. L'européanisation et une certaine mondialisation du recrutement vont aussi de pair avec l'évolution des mentalités, souvent plus favorables à la mobilité. Parallèlement, la législation du travail permet, au moins au niveau européen, une fluidité plus importante. Pour le recruteur comme pour le candidat, cela signifie à la fois plus de possibilités et d'opportunités mais aussi plus de compétitivité.

Dans ce contexte, le recrutement requiert des outils appropriés que nous vous proposons de découvrir.

1

Le temps du recrutement. Quand, Pourquoi, Comment ?

Quand et pourquoi ? Le contexte du recrutement

En premier lieu, il est essentiel de faire la distinction suivante : **deux types de motifs peuvent amener l'entreprise à recruter, des motifs accidentels (gestion réactive) et des motifs stratégiques (gestion prévisionnelle).**

Dans le premier cas, il s'agit d'un remplacement : démission inattendue d'un collaborateur, maladie de longue durée, décès, etc. La réactivité peut être immédiate mais l'anticipation n'a pas été possible ; le caractère d'urgence ainsi que la brièveté du délai vont être accentués.

Dans le second cas, le recrutement est l'expression d'une volonté, il correspond à la décision d'augmenter l'effectif d'une catégorie professionnelle, de créer une nouvelle fonction ou de remplacer quelqu'un dont le départ était planifié (départ à la retraite, service militaire, etc.). Il est donc prévisible.

Le recruteur est en fait confronté à la nécessité de trouver le moment adéquat pour engager sa mission, en tenant compte de la catégorie socioprofessionnelle à laquelle il s'adresse. En effet, **une juste anticipation des besoins de recrutement permet une bonne planification de la campagne de recrutement** dont le démarrage trop précoce est cependant impossible : le candidat identifié a généralement besoin d'une réponse rapide, sinon il va ailleurs, même si un candidat en formation peut attendre plus facilement une décision finale ou accepter un contrat qui n'entrera en vigueur que quelques mois plus tard. Mais on ne stocke pas les candidatures comme on stocke du matériel pour le sortir du magasin au moment où le client en a besoin.

De facto, les entreprises ont de plus en plus de difficultés à planifier leurs recrutements et, sachant que démarrer trop tôt n'est pas un gage de réussite, elles ont tendance à attendre la dernière minute. Elles imposent, de ce fait, au recruteur une pression importante pour que les délais soient raccourcis, parfois à un mois.

Cette contrainte explique que les rendez-vous du candidat soient menés tambour battant : rendez-vous avec le recruteur, son futur patron, le N +2 (c'est-à-dire le patron de son futur patron) et, de plus en plus souvent, quelques-uns de ses futurs collègues. Il n'est pas rare qu'une dizaine d'interviews soit ainsi programmée. Ceci dit, ce n'est pas un problème et c'est perçu positivement par les candidats. **Il est normal que plusieurs interlocuteurs aient à donner leur avis et ces modes de fonctionnement consensuels sont généralement plus populaires qu'une décision impulsive prise par un seul homme.** Car, et les enquêtes de satisfaction auprès des candidats le démontrent, c'est aussi pour le candidat une sécurité supplémentaire d'avoir été choisi par plusieurs membres de la société ; le sérieux apporté au processus est apprécié. C'est pour le candidat une façon de mieux connaître l'entreprise avant de prendre sa décision de l'intégrer.

En revanche, lorsqu'après une première course contre la montre, les rendez-vous s'espacent de semaine en semaine parce que les agendas sont incompatibles, on provoque des frustrations importantes chez les candidats en attente d'une réponse. C'est le plus sûr moyen d'amener le candidat choisi à finalement décliner l'offre.

Comment ? Des attitudes qui font la différence

Le plan de recrutement : privilégier la promotion

Dès lors qu'une entreprise dépasse le stade artisanal pour atteindre une certaine taille et une certaine complexité, il lui faut établir un plan de recrutement. Elle doit au préalable arrêter une stratégie et entrer dans un processus de gestion prévisionnelle d'ensemble.

Ce processus répond à une question évidente : quels sont les moyens à mettre en œuvre pour atteindre les objectifs fixés ? Parmi ces moyens à définir, il y a les hommes dont on a besoin.

L'un des rôles de la direction des ressources humaines ou du dirigeant lui-même, assisté de « ses premières lignes » s'il n'y a pas de DRH, **est de planifier les besoins en recrutement externe après avoir fait le tour des possibilités internes.** En effet, si vous négligez d'analyser d'abord les possibilités de promotion, vous courrez le risque de développer à terme un climat social difficile et surtout de susciter un manque de fidélité qui se traduira par un turn-over trop important. En l'absence de toute politique de promotion (en ce qui concerne les freins à la promotion interne, cf. p. 21-22), les salariés qui ont un potentiel non exploité iront le mettre en œuvre ailleurs.

In fine, **lorsqu'une chaîne de promotion s'est mise en place, le besoin de recrutement émerge.** Prévoir les promotions possibles permet de cerner les postes à pourvoir par recrutement sur le marché extérieur.

Le tableau de bord recrutement : prendre en compte tous les éléments

Chaque entreprise met ainsi sur pieds, en fonction de sa stratégie de développement et/ou pour améliorer sa rentabilité, un plan qui se bâtit à partir d'éléments tels que la répartition des volumes de recrutement par niveaux de fonctions. Une cartographie des fonctions, qui vont de dix à quinze niveaux et retiennent également de dix à quinze « spécialités » ou métiers, est établie de façon empirique. Il n'y a rien de magique à ces chiffres et le bon sens suffit souvent pour permettre des regroupements de fonctions ou de métiers sans tomber dans des systèmes trop analytiques.

Le travail de cartographie des compétences, très répandu désormais dans les grandes entreprises, **permet d'avoir une approche transversale et, ce faisant, facilite le repérage des passerelles d'une fonction à l'autre, de même que le repérage des compétences à acquérir si l'on veut passer d'une fonction à l'autre.**

Ces besoins en volume par niveaux et par métier doivent – pour être aussi complets que possible – prendre en compte des données telles que les horaires légaux, les congés, le temps de formation pendant le temps de travail ainsi que les législations nouvelles sur les 35 heures ou encore les accords individuels ou collectifs sur les départs en retraite.

La prise en compte de ces différents éléments de réduction du temps de travail permet de prévoir les ressources supplémentaires nécessaires. S'y ajoute le calcul de l'absentéisme quand il est important (élément perturbateur jusqu'ici peu fréquent chez les cadres, en revanche plus significatif pour d'autres catégories, les tableaux de bord des catégories cadres le prennent peu en compte).

Besoins d'évolution et besoins de remplacement

Nous reprendrons ici la distribution que propose notre collègue Pierre Jardilier, dans son livre *La Maîtrise de l'emploi* [1], entre besoins d'évolution et besoins de remplacement.

Par besoins d'évolution, on entend le recensement des effectifs qui seront nécessaires dans les mêmes spécialités, mais en plus grand nombre, ou dans des spécialités nouvelles (en informatique et en télécommunication, par exemple), **du fait de l'évolution des technologies.** L'analyse de ces évolutions hautement probables permet d'établir l'organigramme prévisionnel de l'entreprise, nécessairement différent de l'organigramme actuel.

Dans ce processus, les fonctions qui disparaissent sont obligatoirement envisagées. Il faut alors évaluer les compensations entre ce qui est créé et ce qui disparaît. Par exemple, une progression du chiffre d'affaires ne nécessite pas toujours d'augmentation d'effectifs parce que les progrès techniques permettent et exigent, en terme de compétitivité, une amélioration de la productivité. On observe, en outre, la diminution des effectifs d'exécutants et la nécessité des changements de métier.

À ces besoins d'évolution s'ajoutent les besoins de remplacement qui sont déterminés en fonction des départs – tout départ ne doit pas, cependant, être nécessairement remplacé.

---

1. Jardilier, Pierre. *La Maîtrise de l'emploi*, Presses Universitaires de France, Paris, 1982.

On distingue généralement trois types de besoins de remplacement :

- les départs prévisibles nominativement tels que les retraites estimées en fonction de l'âge, les retraites anticipées, volontaires ou provoquées, au titre des contrats de solidarité, les retraites totales ou progressives, le service militaire, les congés parentaux, les congés sabbatiques, les congés formation, tous normalement annoncés suffisamment à l'avance ;
- les départs connus « statistiquement » mais non nominativement (on sait par exemple que le turn-over de la force de vente, en cumulant promotion et turn-over, est de 18 % sur l'année mais on ne peut dire qui est concerné ni prévoir à quel endroit) ;
- les départs non prévisibles, dus à des facteurs volontaires ou accidentels (décès, invalidité de longue durée, etc.).

De la définition du besoin à la recherche de solutions

Les solutions hors recrutement

Une fois ce plan des besoins établi, l'entreprise se livre à un exercice prévisionnel de recherche de solutions dont le recrutement n'est qu'une des composantes, évidemment, même s'il s'agit d'une des composantes essentielles.

Les autres solutions sont la sous-traitance (intérim, conseils extérieurs, etc.) et les promotions, avec obligatoirement un décalage entre les prévisions et la réalité.

Ce décalage n'est pas négatif : certains collaborateurs, non identifiés à tel moment comme pouvant être promus, se révèlent parfois candidats contre toute attente (ils n'étaient par exemple pas mobiles géographiquement et le deviennent soudainement). C'est un phénomène bien connu qui conduit parfois à l'abandon d'une mission de recrutement.

Il faut rappeler que la plupart des grandes entreprises sont engagées vis-à-vis de leurs syndicats à afficher en interne les postes à pourvoir. Elles doivent alors attendre un délai pour que les candidatures non identifiées puissent se manifester. Il faut souligner que, si ce principe, largement répandu, est bon en soi, il est aussi souvent illusoire et correspond au stade zéro de la gestion prévisionnelle des emplois, encombrant les services de recrutement et entravant la mobilité des entreprises parce qu'il implique que soient reçus des candidats non adaptés. **Un meilleur suivi des compétences permet de faire une économie significative de temps en étant clair sur les pré-requis** et les compétences nécessaires. Pour certaines fonctions stratégiques, une entreprise peut être amenée à lancer un recrutement alors que le processus d'affichage n'est pas terminé parce qu'elle sait qu'il ne donnera rien ; elle gardera ainsi l'anonymat dans l'énoncé de sa petite annonce. Il est clair en tout cas que **plus la gestion prévisionnelle des compétences est efficace et plus l'affichage des postes n'est en fait qu'une simple soupape de sécurité.** Cette obligation s'avère cependant très utile lorsqu'il y a reprise de personnel sans que la DRH ait eu le temps, par exemple, d'établir une cartographie des compétences de la nouvelle population.

Les solutions par recrutement

Ce sont celles qui sont choisies en dernier ressort puisqu'**elles supposent que les besoins en recrutement soient connus nominativement** pour que l'entreprise puisse réellement passer à l'acte. C'est ce qui explique que la notion de délai soit fondamentale dans la réussite d'un recrutement.

Tout le travail de statistiques prévisionnelles reste essentiel dans cette démarche puisque c'est lui qui a permis d'établir à la fois les budgets et les actions à mettre en œuvre une fois définis les besoins de recrutement sur le plan collectif et quantitatif. Il s'agit ainsi de cerner :
- l'évolution de la masse salariale,
- les prévisions d'augmentation des effectifs,
- les qualifications nécessaires de ceux-ci,
- le besoin éventuel de sous-traiter pour recruter et donc le référencement de consultants extérieurs (partenaires ou ponctuels, capable de réaliser le sourcing ou d'être eux-mêmes associés à l'évaluation et à l'évolution des systèmes),
- le budget comprenant les honoraires des éventuels consultants extérieurs, les achats d'espace dans la presse, les actions et campagnes à mener sur internet, les actions pour les opérations de campus management auprès des écoles et universités en France et à l'étranger.

Ainsi le responsable du recrutement se doit-il de jongler avec la nécessité d'engager des actions prévisionnelles, sans leur faire subir trop de stop and go, et la nécessité d'attendre pour passer du collectif et quantitatif au qualitatif et individuel. Il lui faut en même temps convaincre sa direction de ne pas supprimer ses investissements de communication institutionnelle, de relations avec les écoles et universités cibles – faute de pouvoir réamorcer d'un seul coup, le moment venu, une source que l'on aurait laissé tarir – et d'accepter que statistiquement une partie de cet investissement soit perdu. En effet, si l'on doit geler les recrutements pour faire le bilan de ses ressources, la majorité des candidats potentiels ne sera plus disponible : une bonne partie des efforts seront à reprendre, avec pour conséquence un dépassement des budgets initialement prévus.

EN RÉSUMÉ

Recruter ou ne pas recruter : telle est la question

- *Pourquoi ? Dans quel contexte l'entreprise est-elle amenée à recruter : pour des motifs accidentels (auquel cas, l'entreprise réagit) ou pour des motifs stratégiques (auquel cas, l'entreprise prévoit) ?*
- *Quand ? Selon une bonne planification de la campagne de recrutement que permet une juste anticipation des besoins.*
- *Comment ?*
  - Faire un plan de recrutement et privilégier la promotion.
  - Dresser une cartographie des fonctions et des compétences requises.
  - Distinguer les besoins d'évolution des effectifs des besoins de remplacement et établir l'organigramme prévisionnel de l'entreprise.
  - Une fois les besoins en recrutement connus nominativement, choisir une solution hors recrutement comme la sous-traitance (intérim, conseil extérieur) ou la promotion, ou choisir de recruter.

L'HISTOIRE D'UN RECRUTEMENT

Présentation de la société

Il y a un an, un dirigeant que nous appellerons monsieur Doroy constitue une société que nous appellerons ARTIBRED. Il a rassemblé des actionnaires investisseurs représentant des établissements bancaires et a lui même investi dans le groupe des capitaux à hauteur de 40 %. Il a 50 ans et un parcours de dirigeant de branche généraliste dans de grands groupes.

Une holding a été créée. Cinq sociétés familiales ont été rachetées dans le domaine de la boulangerie-viennoiserie. Le métier d'ARTIBRED est la fabrication et la distribution de produits de boulangerie-viennoiserie fraîche auprès des hôtels restaurants, des sociétés de transports aériens et de certains traiteurs haut de gamme.

La culture d'ARTIBRED est celle de la PME en fort développement par croissance externe, jusqu'ici, mais aussi par croissance interne lorsque l'outil de production aura été optimisé et lorsque les synergies entre les sociétés auront été trouvées, en gestion comme en production où la main d'œuvre représente 40 % du CA.

ARTIBRED compte 320 salariés, réalise déjà 200 MF de CA et ses résultats après impôt sont un peu au dessus de la moyenne.

La nouvelle structure du groupe, au moment où il décide de compléter son équipe de dirigeants est la suivante :
1. ARTOTEL (90 MF), banlieue Est de Paris.
2. VILADUC (36 MF), banlieue Sud.
3. GRANOVAR (15 MF), banlieue Nord.
4. LANGLOIS (30 MF), grande banlieue Sud.
5. PALETAN (39 MF), grande banlieue Nord.

17

Analyse du contexte

* *Le groupe est récent et il est à organiser dans toutes ses fonctions.*
* *Il est composé de PME de type « familiale » qui ont peu investi dans les structures de gestion.*
* *Les structures administratives sont courtes et faibles par leurs compétences.*
* *Il y a multiplicité des intervenants extérieurs (trois experts-comptables), d'où une communication difficile et lente.*

La structure actuelle

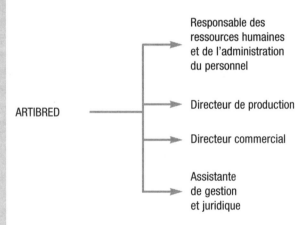

La décision

Le PDG, monsieur Doroy, a réuni son directeur des ressources humaines, ses premières lignes (le directeur de production et le responsable commercial) ainsi que l'un des experts-comptables extérieurs.

18

La problématique est la suivante : jusque-là, chaque société fonctionnait de façon indépendante, avec l'assistance de cabinets d'expertise comptable.

La création du groupe conduit à centraliser les problèmes de gestion comme elle a conduit a centraliser les autres fonctions. Pour ce faire, il est donc envisagé de recruter un directeur administratif et financier.

Ce recrutement doit-il se mener sur le marché extérieur ou par mutation/promotion, comme ce fut le cas pour d'autres « premières lignes » du PDG ? La question est posée.

② La définition du besoin

Après avoir traité de la définition des besoins de recrutement sur le plan quantitatif et collectif dans le chapitre un, il s'agit maintenant d'aborder les questions que posent la définition du besoin individuel.

Dans l'acte de recrutement, cette étape de définition est fondamentale. **C'est la phase préalable à la recherche : elle conditionne non seulement la réussite de la recherche mais aussi la réussite de l'intégration.**

Remettre en cause la décision de recrutement pour mieux l'asseoir

Comme l'avaient admirablement souligné nos consœur et confrère Josiane Agard et Philippe Vaz dans *Le Recrutement de A à Z* [2], le recruteur a intérêt à poser la question de la nécessité du recrutement. Certes, au moment où la demande arrive au service approprié ou simplement quand elle est formulée, la décision de recruter est déjà prise. Mais **se faire l'avocat du diable**, même dans ce cas, **n'est pas un luxe. Il va être, en tout état de cause, extrêmement éclairant sur le fonctionnement de l'entreprise de définir les points d'ancrage de réussite et les challenges que rencontrera le futur titulaire du poste.** Les freins à la promotion interne – qu'il s'agit de reconnaître – sont nombreux. Ces deux auteurs, avec l'humour décapant qui les caractérise, en signalent quatre principaux :

---

2. Agard, Josiane, et Vaz, Philippe. *Le Recrutement de A à Z*, InterÉditions, Paris, 1988.

- *l'absence de prévision ou de plan possible de succession*, qu'ils qualifient de laxisme prospectif ;

- *le protectionnisme aveugle* qui pousse un bon nombre de managers à garder les collaborateurs compétents dans leur équipe sans non plus faire grand chose pour qu'ils leur succèdent le cas échéant (comme les auteurs le suggèrent, pour inverser cette tendance, certaines entreprises tiennent compte, dans l'évaluation des managers, du ratio de collaborateurs promus dans les équipes et de la façon dont elles évaluent elles-mêmes leur manager) ;

- *l'embargo militaire* qui s'installe si peu d'occasions sont données aux collaborateurs de montrer ce qu'ils savent faire en dehors de leur propre périmètre de responsabilités ou s'ils ne sont pas en situation de prendre des risques ; fort heureusement, l'antidote existe grâce au développement des mentors et des pratiques de *coaching*. C'est aussi ce type de considérations qui a favorisé le développement des *Assessment Center* pour que des collaborateurs restés dans l'ombre aient l'occasion de se révéler dans un essai en situation ;

- *la raideur congénitale* qui empêche un bon nombre de dirigeants d'imaginer que leurs successeurs soient différents d'eux-mêmes dans un univers où pourtant tout bouge et tout change.

Mais, après cet exercice, il arrive bien sûr que les ressources internes soient insuffisantes en volume ou que, pour le bon équilibre de l'entreprise, il soit nécessaire de faire appel à du sang neuf. On en vient alors au recrutement extérieur.

Rappelons qu'il faut en tout cas distinguer création de poste et remplacement. Dans le premier cas, aurait-on pu s'arranger autrement (sous-traitance, promotion, répartition différente, etc.) ? Dans le second, encore une fois, s'agit-il d'un licenciement, d'une démission du titulaire, de sa promotion, de son départ à la retraite ? A-t-il réussi ou échoué dans ses fonctions et surtout pourquoi ? Y aura-t-il chevauchement des deux titulaires, l'ancien et le nouveau ? (La passation de pouvoir est utile mais les chevauchements trop longs sont souvent malsains.)

Décrire l'environnement du poste

Le premier travail pour le recruteur est de rassembler l'infor-mation sur l'environnement. Cette opération fondamentale va permettre de bien présenter la société et donc de bien « accro-cher » le candidat qui, s'il lui manque des informations, pourra se les procurer dans l'annuaire, par exemple, ou sur internet (la plupart des sociétés, à partir d'une certaine taille, ont un site web sur lequel elles regroupent l'essentiel de leurs informations pertinentes).

Voici néanmoins une check-list des éléments à inclure dans le des-criptif qui doit être fait de l'entreprise (liste indicative mais non exhaustive) :

- secteur d'activité ;
- chiffre d'affaires ;
- actionnariat ;
- implantation en France et à l'étranger ;
- stratégie et objectifs de l'entreprise (maintien des positions, croissance, parts de marché à conquérir, etc.) ;
- effectif et répartition par unités principales et catégories socio-professionnelles ;
- constitution de l'équipe dirigeante ;
- organigramme de la société ;
- place du département ou du service concerné dans cet organi-gramme ;
- organigramme du service ou du département concerné ;
- politique de personnel, politique de formation et de promotion ; échanges et passerelles possible ou non dans le groupe ;
- valeurs affichées par la société, projet d'entreprise officialisé ou non.

Ces informations permettront aux postulants de saisir la culture de l'entreprise et de manifester alors à son égard leur intérêt. C'est au travers de ces réactions qu'il sera possible de les évaluer et de ren-forcer, la plupart du temps, leur motivation. **L'offre et la demande doivent progressivement devenir réciproques.**

Décrire le poste lui-même

Trop souvent, le recruteur est confronté à l'absence de description réelle de fonction ou au passage trop rapide de la fonction au profil. C'est du reste en ces termes que beaucoup définissent, mal en l'occurrence, leur recherche : « Nous recherchons un cadre de 35 ans avec un bon diplôme et une bonne expérience de direction commerciale. Il faut qu'il soit dynamique, entreprenant, capable de fonctionner dans une entreprise sur un marché très concurrentiel. Enfin, vous nous connaissez, il nous faut quelqu'un de bien. » Comme c'est curieux, personne n'a jamais encore cherché à recruter quelqu'un qui ne soit pas « bien » ! Il faudrait cependant en parler.

Pour aller au-delà, **le recruteur**, seul ou avec le futur hiérarchique du candidat à recruter suivant la taille de l'entreprise, **se doit de recueillir les informations sur l'unité et le poste concerné et, à partir de là, de définir le profil et la cible à approcher**. Au cours de cette phase, fondamentale, tout le non-dit ressort de façon explicite, en particulier tous les décalages entre les critères affichés et leur acceptation par le hiérarchique. **C'est à ce stade que les résistances parfois inconscientes peuvent être vaincues et que l'entreprise, le poste à pourvoir et les interlocuteurs opérationnels sont les mieux saisis.**

Or, les descriptions de poste faites par les entreprises le sont généralement dans l'optique de la gestion collective plus que de la gestion individuelle. La méthode Hay et la méthode Corbin (cf. pp. 25-26) ont été développées avec le souci d'élaborer des classifications et d'aboutir à des grilles de salaires. Dès le départ, l'objectif est de trouver les dénominateurs communs entre les fonctions afin de les attribuer à des niveaux et des catégories qui donnent une cohérence interne et, dans une moindre mesure, externe au mode et au niveau de la rémunération. Dans le contexte du recrutement, la préoccupation majeure est différente, **il s'agit de mettre en exergue les différences entre ce poste et les autres, de comprendre ces différences et de saisir les complémentarités entre les membres d'une équipe. On passe du collectif et du quantitatif à l'individuel et au qualitatif.** C'est justement l'aspect différentiel qui intéresse le recruteur, et ce qui va faire la différence entre le candidat qui va maîtriser sa fonction et celui qui échouera ou connaîtra une réussite moyenne.

Quant à la description de poste proprement dite, il existe un nombre relativement important de méthodes. Il nous semble néanmoins qu'elles sont essentiellement axées sur ces trois différents modèles que sont la méthode Hay, la méthode Corbin et le Bilan comportemental (OptimHom), développés par trois sociétés de conseil, avec et pour leurs clients, selon une approche qui répond à des finalités légèrement différentes, d'où leur choix d'un référentiel différent.

La méthode Hay a l'énorme avantage d'être mondialement connue et utilisée. Elle est née aux USA sous l'impulsion de deux psychologues, Édouard Hay et Eugène Benge, qui se sont retrouvés sur ces thèmes de recherche appliquée juste avant la guerre. La problématique était de mettre au point une méthode de description de fonction, aussi objective que possible, qui, de ce fait, pourrait servir de base à l'objectif : « à travail égal, salaire égal ». Dans sa présentation actuelle, la méthode Hay mesure l'importance et la difficulté relatives des responsabilités confiées. Les tables comportent trois facteurs d'exigence – la compétence, l'initiative créatrice et la finalité – et un quatrième élément qui valide la cohérence de l'évaluation :

- la compétence inclut dans ce système la connaissance, la compétence en management, la compétence relations humaines ;
- l'initiative créatrice est définie en fonction du cadre de réflexion dans lequel elle s'exerce et de l'exigence des problèmes à traiter ;
- la finalité du poste est la contribution attendue à l'efficacité et aux résultats de l'organisation.

La méthode Corbin est basée sur la théorie de l'information. Tout poste peut être analysé en fonction du traitement de cette information qui part d'un émetteur vers un récepteur et qui, une fois reçue, est traitée pour être transmise ensuite à un ou, plus généralement, à des interlocuteurs. Chaque information reçue fait l'objet d'une valeur ajoutée plus ou moins grande qui va justement servir dans la pesée des postes. On est proche aussi de la théorie du conditionnement puisque l'émetteur est le stimulus, le récepteur la réponse, qui, en transmettant l'information, devient lui-même émetteur à son tour.

La méthode « OptimHom » a choisi le référentiel dit des incidents critiques. Elle se situe d'emblée au niveau individuel et nominatif puisque son objectif est d'être le support aux actions de recrutement et/ou de développement des potentiels. Il s'agit de juger si les comportements qui répondent à un incident critique sont adaptés ou non à ce que l'on attend dans une fonction donnée. C'est donc l'élément « différentiel » ou critique qui fait l'objet d'une analyse.

En conclusion, les deux premières approches ont fait école et ont été déclinées de façon adaptée et évolutive dans un grand nombre d'entreprises. Elles permettaient d'aboutir à des classifications et, ainsi, à des grilles de salaire. Elles ne sont pas suffisantes pour le recruteur qui a justement besoin d'aller du quantitatif et collectif à l'individuel et nominatif. C'est pourquoi nous privilégions ici la troisième méthode.

Description de poste selon la méthode « Bilan comportemental *Assessment Center* »

Elle suit le plan ci-dessous. Il va de soi que l'on y retrouvera un certain nombre de points communs avec les deux autres méthodes mentionnées précédemment.

Éléments généraux caractéristiques du poste

- Définition du rôle et de la mission.
- Responsabilités et objectifs principaux.
- Éléments de satisfaction ou d'insatisfaction.
- Incidents critiques, comportements de réussite et comportements d'échec.
- Système d'appréciation et de mesure des résultats.
- Caractéristiques majeures de l'environnement.
- Changements à prévoir dans la fonction.
- Formation et expérience professionnelles nécessaires pour bien maîtriser la fonction – indispensables – souhaitables.

- Familiarisation avec le groupe, intégration prévue.
- Avenir probable pour le titulaire du poste :
  - durée minimum à prévoir dans la fonction,
  - évolutions possibles (délais probables),
  - moyens proposés par l'entreprise,
  - moyens à mettre en œuvre par le candidat lui-même pour suivre l'évolution de sa fonction.

Analyse de la situation de travail

L'approche Assessment Center a pour caractéristique de différencier tout type de fonction selon trois types de situations qui regroupent les incidents critiques majeurs :
- les situations individuelles,
- les situations à deux,
- les situations de groupe.

On entend par incident critique tout stimulus, événement ou problème à traiter qui suscite des réponses différentes selon celui qui y répond ou qui les traite. Cet incident, tout représentatif de la fonction qu'il soit, est discriminant entre les « candidats » ou les « titulaires » d'une fonction. Il fait appel à des niveaux et des modes de résolution qui, lorsqu'ils sont considérés comme satisfaisants et adaptés, prennent pour nom la compétence.

On peut résumer cette description par le cercle suivant (figure 1, p. 28) où chaque partie est rarement faite de tiers égaux et où la dominante d'une situation par rapport à l'autre change évidemment beaucoup selon qu'il s'agit par exemple d'un poste d'expertise ou d'un poste de management.

Les points représentent les incidents critiques les plus significatifs dans chaque situation. Ces « nuages » d'incidents critiques se regroupent autour d'un axe que l'on choisit parce qu'il est le dénominateur commun du plus grand nombre d'incidents critiques. C'est par ce principe simple d'analyse factorielle que sont choisies les compétences clés à évaluer.

Figure 1. Répartition des incidents critiques majeurs

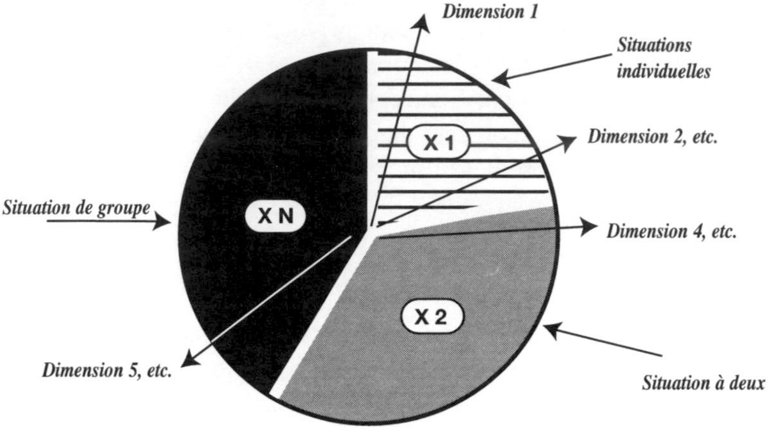

Dimension 1

Situations individuelles

X 1

Dimension 2, etc.

Situation de groupe

X N

Dimension 4, etc.

X 2

Dimension 5, etc.

Situation à deux

Commentaire

Ce schéma se décompose en trois parties : situations individuelles, situations à deux et situations où l'on travaille en groupe.

Dans le cas d'un chef des ventes, par exemple, les situations individuelles couvrent celles où il se trouve seul dans son bureau ou chez lui quand il traite les questions qui lui sont parvenues de façon écrite, par messages téléphonés, par e-mail, etc. Elles comprennent le travail de préparation qu'il effectue pour ses réunions avec ses vendeurs, les rencontres avec certains clients, les travaux sur ses budgets et sur la définition de ses analyses.

Dans les situations à deux entrent les incidents qui sont à régler en situation de face à face avec un collaborateur vendeur, un client ou un collègue.

Les situations de groupe incluent les présentations à faire lors de conférences ou conventions à des forums, que sa fonction implique. Elles couvrent, plus quotidiennement, les réunions faites avec son équipe.

Dans le cas du chef des ventes, la répartition de son temps en trois « parties » n'est jamais égale. À l'inverse du travail d'un chercheur, le sien verra généralement moins de travail en solitaire mais beaucoup d'interface à deux ou en groupe. **Plus on monte dans la hiérarchie d'un organigramme et plus la part des interactions en groupe prend le pas sur le reste.**

Dans le schéma, les points représentent les incidents critiques concrets comme la réclamation d'un client, la demande d'un collaborateur, sa démission, etc. Pour traiter ces différents problèmes ou incidents critiques, le titulaire d'une fonction fait appel à des compétences. La meilleure structure théorique de ces compétences, traits-dimensions au talent, est dénommée par exemple « sens de la négociation », « prise de décision », « analyse des problèmes ». Les spécialistes reconnaîtront ici le principe d'analyse transactionnelle : **le trait sur la « compétence » est le dénominateur commun qui explique l'aptitude à résoudre plusieurs incidents critiques faisant appel à une même « aptitude ».**

Mise en évidence du réseau relationnel du poste

Un poste nécessite un certain nombre d'échanges dans l'entreprise et à l'extérieur que le schéma suivant met en évidence.

Figure 2. Le réseau relationnel

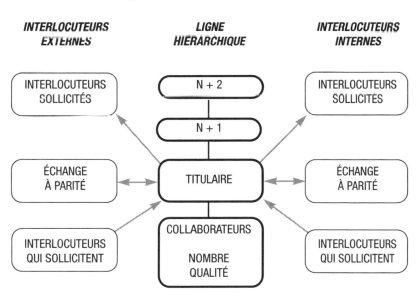

29

On distingue, dans cette approche, trois types d'interlocuteurs :

- la ligne hiérarchique interne à l'entreprise :
  - les hiérarchiques aux niveaux N +1 et N +2 du poste,
  - les collaborateurs aux niveaux N -1 et N -2 (nombre et qualité) ;
- les interlocuteurs internes (en précisant s'ils se situent sur la même ligne hiérarchique ou à un niveau différent du titulaire du poste) :
  - ceux qui sont sollicités par le titulaire du poste,
  - ceux qui sollicitent le titulaire du poste ;
- les interlocuteurs externes (avec les mêmes caractéristiques que ci-dessus).

Choix, définition et hiérarchisation des compétences requises

L'expérience nous a montré qu'il était conseillé de ne pas retenir un trop grand nombre de compétences : une trentaine ou quarantaine pour commencer afin de parvenir assez facilement à un ensemble final de 10 à 15 compétences clés pour une fonction.

Il est recommandé de ne pas brûler les étapes de la description de l'activité, comme on peut être tenté de le faire. Il est en effet indispensable de commencer par identifier les incidents critiques types dans chacune des trois catégories de situations, pour ensuite lister l'ensemble des compétences. On l'a vu, la tendance est d'aller immédiatement aux compétences, voire même à un profil type.

Faute de bien couvrir les quatre aspects (situations à maîtriser, problèmes à régler, compétences clés, profil idéal), on a tendance à viser des objectifs trop élevés et à créer des insatisfactions, d'autant plus que l'essentiel du potentiel risque de ne pas être utilisé.

À titre d'exemple, voici une liste de compétences types dont il faudra retenir de dix à quinze compétences discriminantes à définir de façon opérationnelle et à hiérarchiser :

Les compétences types

Compétences techniques

Ce sont, la plupart du temps, les compétences minimum requises : par exemple, pour un financier, savoir lire et interpréter le bilan ;

pour un informaticien, maîtriser tel matériel et tel logiciel, etc. Dans le contexte du recrutement, on fait trop souvent l'erreur de revenir de façon détaillée sur les compétences à maîtriser, en supposant acquises les compétences garanties par un diplôme ou un niveau de qualification. Il est pourtant plus utile de revenir sur les compétences les plus pertinentes.

Compétences d'ordre individuel
* adaptabilité,
* ténacité,
* adhésion,
* prise de risque,
* décision,
* résistance à la pression.

Compétences relationnelles et de communication
* sens des relations interpersonnelles,
* impact,
* persuasion,
* esprit d'équipe,
* communication écrite,
* communication orale,
* maîtrise des outils de communication de haute technologie.

Compétences d'encadrement
* organisation du travail de l'équipe,
* délégation,
* suivi et contrôle,
* motivation et suivi de ses équipes,
* développement de ses subordonnés.

Compétences d'ordre intellectuel
* analyse/synthèse des problèmes,
* jugement,
* sensibilité à son environnement,
* maîtrise des chiffres et des modèles mathématiques,
* créativité, originalité.

Compétences liées à la motivation
* ambition professionnelle,
* implication,
* capacité de travail – énergie,
* initiative.

Comment hiérarchiser ces compétences ?

Le principe est de hiérarchiser les compétences en fonction de l'importance qu'elles ont dans chacune des activités du poste. Selon les possibilités, un nombre plus ou moins important des membres du réseau relationnel du poste sont invités à participer à cette hiérarchisation des compétences.

Le tableau suivant, extrait du livre de V. Ernoult, J.-P. Gruère et F. Pezeu, *Le Bilan comportemental dans l'entreprise* [3], illustre un exemple de hiérarchisation pour une fonction de consultant dans un cabinet de recrutement. Il vaut pour toute autre fonction qui fera, bien évidemment, appel à d'autres compétences.

Il est conseillé de faire ce travail en groupe, avec le titulaire d'un poste et son responsable hiérarchique. On rappelle, dans cette situation professionnelle donnée, sur un axe, les incidents critiques types à régler (relations avec les clients, étude de poste, etc.) ; sur l'autre, apparaissent les compétences, que l'on définira en quelques lignes afin que les différents partenaires, lors d'un recrutement, entendent bien la même chose.

---

3. Ernoult, Victor, Gruère, Jean-Pierre, et Pezeu, Fabienne. *Le Bilan comportemental dans l'entreprise*, PUF, Collection Gestion, Paris, 1984.

Figure 3. Exemple de hiérarchisation de compétences

Dimensions	A	Jugement (B3, C18)	Écoute (B6, C36)	Implication (B9, C54)	Tolérance aux pressions (B8, C48)	Analyse (B4, C24)	Capacité de travail (B1, C6)	Intégrité (B2, C12)	Adaptation (B7, C42)	Exigence envers soi-même (B1, C6)	Communication écrite (B2, C12)	Esprit d'équipe (B1, C6)
Relations avec les clients (en amont)	6	3 / 18	6 / 36	9 / 54	8 / 48	4 / 24	1 / 6	2 / 12	7 / 42	1 / 6	2 / 12	1 / 6
Étude de poste — Rédaction de l'annonce	7	3 / 21	7 / 49	1 / 7	1 / 7	8 / 56	1 / 7	2 / 14	0	1 / 7	7 / 49	0
Tri du courrier	5	8 / 40	0	0	0	8 / 40	1 / 5	3 / 15	0	1 / 5	0	0
Recherche de candidature	6	9 / 54	0	8 / 48	5 / 30	3 / 18	4 / 24	8 / 48	5 / 30	1 / 6	0	6 / 36
Entretien	10	2 / 20	10 / 100	7 / 70	3 / 30	2 / 20	7 / 70	9 / 90	9 / 90	8 / 80	3 / 30	0
Sélection	10	10 / 100	0	6 / 60	0	10 / 100	1 / 10	8 / 80	0	9 / 90	0	0
Compte rendu	8	5 / 40	0	7 / 56	1 / 8	8 / 64	10 / 80	6 / 48	0	7 / 56	10 / 80	0
Relations avec les clients (en aval)	9	5 / 45	5 / 45	9 / 81	8 / 72	6 / 54	4 / 36	4 / 36	6 / 54	1 / 9	2 / 18	0
Analyse des difficultés	7	7 / 49	3 / 21	6 / 42	1 / 7	9 / 63	0	6 / 42	1 / 7	10 / 70	2 / 14	5 / 35
Relations avec les candidats	4	10 / 40	5 / 20	6 / 24	2 / 8	6 / 24	1 / 4	10 / 40	6 / 24	8 / 32	0	0
Administratif	3	2 / 6	0	6 / 18	0	4 / 12	3 / 9	0	3 / 9	6 / 18	2 / 6	10 / 30
		433	271	460	210	475	251	425	256	379	209	107

Consignes d'utilisation

Voici la démarche à suivre pour arriver à la pondération de ces onze compétences retenues dans la description de poste d'un consultant. Dans ce cas, les préalables nécessaires (âge, diplôme, années d'expériences) avaient fait l'objet d'une sélection sur CV. L'évaluation de ces critères étant évidente sur CV, il n'était donc pas nécessaire d'y revenir en profondeur en utilisant les autres techniques d'évaluation.

1. Pondérer les activités en leur mettant une note de 1 à 10 dans la colonne A selon leur importance ; mais, attention, il ne s'agit pas d'un classement !

2. Poser un cache sur la colonne A et le maintenir pendant toute la séquence 3.

3. Donner une note de 1 à 10 pour chaque dimension ou « compétence » dans chaque activité dans les espaces B. Par exemple, dans l'activité « relations clients », le jugement paraît comparativement peu important (noté 3), l'« écoute » intervient d'avantage (notée 6), l'« implication » est essentielle (notée 9), etc.

4. Ôter le cache de la colonne A.

5. Multiplier la note donnée à chaque activité (colonne A) par la note donnée à chaque dimension dans chaque activité (espace B), c'est-à-dire A x B. Inscrire ce chiffre dans l'espace C correspondant.

6. Additionner tous les chiffres des espaces C par compétence. Ce total permet de repérer les compétences les plus importantes et d'aboutir à une hiérarchisation.

Dans cet exemple, les trois compétences prioritaires sont l'analyse, l'implication et le jugement.

Comment et avec qui faire l'étude du poste ?

Le recruteur (chef de l'entreprise ou directeur des ressources humaines) aura pour interlocuteur le N +1.

Lorsque l'on travaille sur des recrutements volumineux et récurrents, impliquant un nombre plus important de décisionnaires et de partenaires, il est souhaitable de pouvoir rencontrer le(s) titulaire(s) du poste et, outre les entretiens, de pouvoir faire une observation directe sur le terrain. C'est une phase incontournable pour choisir ou construire des épreuves simulant le poste (voir chapitre 7).

De l'étude du poste et des compétences au profil et à la définition de la cible

La définition d'une cible précise est indispensable, plus particulièrement encore quand il sera décidé de procéder par approche directe (voir chapitre 4). Ce ciblage se fait généralement en deux temps. Une première ébauche est mise au point. Il est important de recenser le nom de personnes ou d'organismes qui peuvent être des relais intéressants. Cette liste est ensuite affinée. Exemple : liste des sociétés concurrentes ou liste des sociétés ayant des process de fabrication ou une approche marketing intéressants.

Une fois la définition du besoin clarifiée, les missions bien exprimées, les compétences qu'elles mettent en jeu précisées et la cible à approcher définie, l'entreprise est alors prête à engager la recherche de ses candidats.

La rédaction de l'annonce constituera la prochaine étape, suivie du « sourcing » puis d'une étape d'évaluation.

EN RÉSUMÉ

De la définition des tâches
à la définition des compétences

- *Avant toute chose, remettre en cause la décision de recruter pour mieux la conforter.*
- *Rassembler l'information sur l'environnement de l'entreprise afin de permettre au candidat de saisir la culture de l'entreprise.*
- *Décrire la fonction ou le poste, c'est une étape essentielle avant de définir le profil et la cible à approcher.*
- *Pour ce faire, utiliser, par exemple, l'approche « Bilan comportemental Assessment Center » :*
  - en définissant les éléments généraux caractéristiques du poste,
  - en analysant la situation de travail,
  - en mettant en évidence le réseau relationnel du poste,
  - en choisissant, définissant et hiérarchisant les compétences requises.
- *Faire ce travail avec le N +1 et le titulaire du poste (s'il ne s'agit pas d'une création).*
- *Définir enfin la cible des candidats à approcher.*

L'HISTOIRE D'UN RECRUTEMENT

*Rappelons qu'il vient d'être envisagé de recruter un direc-
teur administratif et financier. Nous allons nous attacher à
suivre les étapes de ce recrutement.*

La structure proposée

*Tout naturellement, donc, la première idée a été de créer une
direction administrative et financière.*
*En procédant à une première analyse, le président et le DRH
établissent que dans un premier temps il n'est pas utile de
centraliser les fonctions administratives et que pour un bon
moment l'activité informatique continuera à être sous traitée.
En revanche, l'organisation et la mise en œuvre de la gestion
centralisée pour permettre un pilotage par la direction générale est prioritaire. Il faut centraliser et internaliser la fonction. Le besoin est défini.*
*Il est donc décidé de recruter non pas un directeur administra-
tif et financier mais un directeur de gestion, qui sera assisté d'un
chef comptable et de son équipe, et d'ainsi regrouper les activités comptables jusque-là effectuées par différents cabinets.*

La définition de sa mission

*Le directeur de gestion prendra donc en charge la responsa-
bilité financière de l'entreprise.*
*Il tiendra à jour la comptabilité de l'entreprise et de ses
filiales.*
*Il développera, organisera et assurera un système d'infor-
mations financières et de gestion afin de fournir au directoire, aux responsables opérationnels, aux actionnaires et aux
partenaires externes (administrations, banques, etc.) une
information fiable, appropriée à leurs besoins et/ou conforme à leurs exigences (aide à la décision, contrôle des résultats, déclarations, statistiques, etc.).*

Nature et étendue de ses activités

Place dans l'organigramme

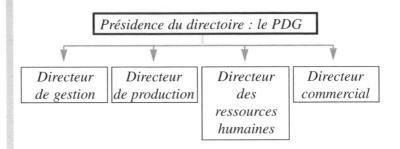

Contexte général

Les entreprises ayant été rachetées entre octobre 1998 et juin 1999, le titulaire du poste aura un gros travail d'organisation et de mise en place de procédures et de systèmes d'information.

Il aura un rôle pédagogique important vis à vis des responsables de l'entreprise afin de les former à l'utilisation de ces systèmes dans la gestion quotidienne et à long terme des budgets dont ils ont la responsabilité.

Activités propres au titulaire

* *Les finances*
  - *Il assurera la liaison avec les banques.*
  - *Il organisera les financements nécessaires au bon fonctionnement de l'entreprise.*
  - *Il gérera la trésorerie disponible.*
* *La comptabilité*
  - *Il s'assurera du respect de toutes les normes légales.*
  - *Il assurera l'interface avec les cabinets d'expertise comptable et avec les CAC.*
  - *Il proposera toute réorganisation permettant d'améliorer l'efficacité de ce service et d'en réduire le coût.*
* *Contrôle de gestion*
  - *Ce sera le rôle fondamental du titulaire du poste.*
  - *À titre d'exemple, celui-ci devra concevoir, élaborer et mettre en place les systèmes de contrôle de gestion destinés à analyser les différentes activités des sociétés.*

- *Il devra mettre en place une méthode et un suivi de la rentabilité de l'ensemble des produits.*
- *Il devra mettre en place une méthode et un suivi de la rentabilité clientèle.*
- *Il devra coordonner et animer l'ensemble des travaux d'élaboration des budgets annuels et de leur révision.*
- *Il devra suivre les investissements et, en particulier, leur rentabilité.*
- *Il devra élaborer le tableau de bord de la société.*

Leur finalité

Il assurera l'optimisation de la gestion des ressources financières de l'entreprise.
Il préparera les documents comptables officiels.
Il participera à l'amélioration des résultats d'ARTIBRED en établissant des prévisions réalistes, en analysant le réel et en suscitant des prises de décision.
Il donnera aux responsables des outils de gestion leur permettant de mieux maîtriser leurs coûts et leur évolution en privilégiant la qualité de l'information.
Il assurera les prévisions de rentabilité par produit et par client de la société.
Il développera la capacité des responsables à raisonner « gestion et rentabilité », en les conseillant sur le choix, la valorisation et le suivi des objectifs, en s'informant de plus près de leurs activités et problèmes, et en contribuant à assurer une cohésion d'action entre les différentes fonctions de la société.

En conclusion

Sa mission sera donc de fournir à la direction générale des éléments structurés qui lui permettent de diriger l'entreprise, d'atteindre ses objectifs en s'appuyant sur des données financières fiables pour prévoir, suivre la mise en œuvre, analyser les écarts et mettre en place rapidement les actions correctives en cas de « dérapage ».
La fonction couvrira les aspects informatiques (la partie

« logiciels » et le « hard » sont sous-traités), la finance et le contrôle budgétaire, le contrôle de gestion, l'établissement des plans financiers, la gestion de trésorerie et les relations bancaires.

Son équipe sera composée d'un chef comptable (également à recruter), qui lui même encadrera quelques employés chargés de suivre la totalité du processus comptable pour leurs interlocuteurs (cinq personnes au total dans l'équipe actuellement) et des relais dans les filiales.

Le titulaire assistera aux réunions du conseil de surveillance.

Le profil du candidat

Il est défini entre le responsable des ressources humaines et le président d'ARTIBRED.

Le candidat (H/F) aura à son actif une expérience réussie du contrôle de gestion dans le secteur industriel (voire du service si celui-ci a, comme ARTIBRED, une activité de main d'œuvre).

Il devra avoir une expérience d'une dizaine d'années minimum et avoir déjà exercé des responsabilités d'encadrement d'équipe.

Son âge n'est pas un problème en soi. Le candidat aura donc 35 ans minimum mais pourra aussi avoir entre 45 et 50 ans. Idéalement, il viendra d'une PME très opérationnelle, dans une optique de pilotage gestion d'entreprise. Une double expérience entreprise et cabinet sera un plus.

Le diplôme n'est pas l'élément déterminant en soi mais une école de commerce (type ESC Rouen, Reims, etc.) avec option « contrôle de gestion » est à retenir.

L'anglais est un plus.

Sa personnalité sera celle d'un candidat soucieux d'être un acteur dans le système, contributif, avec un relationnel correct mais rigoureux afin de concevoir et faire appliquer les procédures propres à optimiser la gestion.

Mutation/promotion ou recrutement externe ?

Il est confirmé que personne en interne ne correspond à ce profil. Il est décidé de recruter en externe.

③ L'annonce

Rédiger ses messages

Selon quels critères ?

C'est en prenant en compte les trois éléments suivants que le recruteur va rédiger ses messages :
- la description de fonction,
- le profil recherché,
- la cible à approcher.

Ceux sont eux qui détermineront ensuite le choix du ou des supports de l'annonce d'offre d'emploi.

L'originalité est permise et le bon texte ne peut s'évaluer qu'en fonction de l'objectif voulu, sans oublier que l'on rencontrera des contraintes spécifiques à chaque cas. Par exemple, il est préférable de décliner son identité mais il est parfois nécessaire de ne pas indiquer de quelle société il s'agit, soit pour des raisons de confidentialité, soit pour faire levier sur la curiosité (« teasing »), ou pour se donner la chance de lever certains préjugés prévisibles.

Bornons-nous donc à donner quelques conseils élémentaires : une annonce classique, factuelle, demande un peu moins d'espace ; elle est souvent suffisante si le groupe est connu et bénéficie d'une image positive. Dans le cas d'une société moins connue, on peut jouer sur un descriptif plus vendeur, voire humoristique.

Dans tous les cas de figure, **il est important de donner une idée du secteur, de son chiffre d'affaires, de ses effectifs ou de son positionnement sur le marché.** Des chiffres modestes ne sont pas synonymes de manque d'intérêt ; il faut justement vendre sa spécificité (« *small is beautiful* » a été par exemple le leitmotiv des petites sociétés américaines face aux géants).

La fonction exacte doit figurer clairement, alors que le titre de directeur, de chef de service ou de responsable ne sera pas obligatoirement déterminant. **Quelques lignes sur les responsabilités suivront. On indiquera le profil recherché en termes de diplôme ou de niveau** (plus la carrière avance et moins le diplôme d'origine est déterminant), **les années d'expérience requises, et les acquis spécifiques dont la pratique de langues étrangères.**

Enfin, on décrira les avantages offerts, dont le salaire si la fourchette est précise.

Une remarque est à faire concernant la liste souvent un peu inutile des qualités souhaitées. Chacun indique pratiquement les mêmes attributs : dynamique et impliqué, avec de réelles qualités de leaders, etc. Il peut être utile d'indiquer ce que l'on souhaite mais personne ne s'auto-sélectionnera en reconnaissant qu'il manque de dynamisme ou de leadership. En revanche, il est plus « factuel » de demander aux candidats d'indiquer leur salaire actuel ou le salaire qu'ils souhaitent.

Avec qui ?

Un certain nombre de partenaires peuvent aider le recruteur, s'il le désire, dans cette démarche : les agences de communication, les consultants en recrutement. Ces derniers, ayant fait le descriptif de poste avec leur client, préfèrent généralement rédiger eux-mêmes leur texte et le soumettre à leur l'approbation. Dans le cas d'une petite ou moyenne entreprise qui décide de recruter seule, la personne responsable de la communication interne ou externe peut être directement conseillée par un responsable de clientèle dans le « support » choisi.

Dans quels termes ?

Les messages de certaines annonces trahissent trop souvent une fausse définition du profil de poste. Par exemple : « Le candidat, diplômé d'une école de commerce, aura à son actif cinq ans d'expérience comme chef de produit dans le domaine agroalimentaire. Il doit avoir une bonne maîtrise de l'anglais. Des qualités relationnelles importantes, du dynamisme… ». Les termes qualitatifs de « dynamisme » et « qualités relationnelles » sont un peu galvaudés (qui ne les demande pas ? Qui ne se décrit pas comme étant dynamique ?) Le mécanisme de conformité à ce qui est socialement désirable fonctionne.

Les messages apparemment séduisants sont beaucoup moins efficaces que des messages plus factuels ; ces derniers expriment plus de réflexion et, surtout, moins de lieux communs du style : « Entreprise dynamique en pleine évolution recherche un candidat ambitieux et performant. »

En ce qui concerne le style de l'annonce, la tendance est actuellement à utiliser un style personnalisé et convivial et non plus un style télégraphique.

Présenter ses messages

Une fois rédigé, le message doit être mis en forme graphiquement avant d'être inséré dans un support écrit et communiqué aux différentes associations à contacter.

Depuis ces dernières années, les messages « écrits » dépassent la simple annonce presse, **la présentation joue** alors **un rôle très important car le message donne une image plus ou moins attractive de la société qui embauche.**

« Historiquement », **on est passé du simple entrefilet à des textes de plus en plus élaborés, exigeant plus d'espace. La plupart des supports ont ensuite proposé l'utilisation de la couleur. Enfin, il y a des espaces préférentiels qui sont facturés généralement un peu plus cher.** Le plus souvent, le budget limite l'espace dont on aimerait disposer ; mais, en tant qu'annonceur, on sera également tenu de prendre en compte l'image que l'on veut donner ainsi que l'interprétation que va en faire le lecteur. Ainsi, même si on arrive parfois à dire l'essentiel en deux modules, il peut être décidé d'acheter trois modules, pour ne pas paraître plus pauvre que son voisin, d'autant plus que les supports regroupent les offres par thèmes (commerciaux, gestionnaires, ingénieurs etc.). Bref, l'objectif est d'être vu et d'être attractif mais sans démesure.

Les entreprises qui recrutent beaucoup choisissent une agence qui va les aider à créer une communication institutionnelle. Les thèmes de ces campagnes sont repris à chaque nouveau message sous forme d'une accroche, d'une introduction et d'une présentation communes d'une charte graphique reprenant le logo du groupe, de l'entreprise ou du cabinet (parfois les deux logos, quand il y a domiciliation chez le cabinet de conseil).

Il faut également penser à une présentation spécifique de l'annonce sur internet qui a ses propres codes.

Choisir ses supports

La rédaction, le style et la présentation du message vont dépendre ainsi du support choisi ; il faudra, par exemple, tenir compte d'un certain nombre de contraintes qui amènent souvent à revoir son texte, en particulier pour le raccourcir.

Quant aux messageries internet, elles laissent généralement une grande liberté en terme d'espace car leur prix, à l'inverse des autres supports écrits, **n'est pas fonction de la longueur du texte.** Néanmoins, il faut se plier à certaines exigences pour que les candidats potentiels puissent retrouver aisément le message en fonction des mots clés. Par exemple, alors que certaines annonces presse n'indiquent pas, volontairement, le salaire envisagé, cette information est quasiment incontournable sur un site.

L'annonce presse pourra servir de trame aux autres messages, mais le texte devra se plier aux exigences ponctuelles : en général, texte très court pour les bulletins des grandes écoles ou pour le courrier des cadres de l'APEC. À l'inverse, les supports internet – on l'a vu – permettent d'inclure pratiquement tout le descriptif de poste, à condition de veiller à bien mettre en relief les mots clés qui serviront à la sélection opérée par les candidats eux-mêmes.

Ainsi, le choix du support de l'annonce se fera en fonction de certains critères qui seront déterminants.

Le prix de l'annonce

On obtiendra facilement les informations nécessaires sur les tarifs en s'adressant aux supports eux-mêmes. En outre, ils fourniront des informations intéressantes caractérisant leurs lecteurs, plus spécifiquement à la suite de sondages relatifs au lectorat de ce support d'offres d'emploi. Ils donneront aussi des statistiques sur les rendements obtenus selon les métiers. Les agences de petites annonces communiqueront également ces données de façon comparative et objective.

Disons globalement qu'**un budget de 35 000 francs par mission est généralement un minimum.** Les tarifs sont évidemment d'autant plus élevés que le tirage du support est important *(Le Figaro, Le Monde, L'Express)*. **Les journaux spécialisés sont intéressants en terme de ciblage** (par exemple : *L'Usine Nouvelle* pour les ingénieurs, *01 Informatique* pour les informaticiens, *Liaisons Sociales* pour les ressources humaines). Enfin, **la presse régionale convient pour attirer des candidats spécifiquement intéressés par la région.** Certains de ces supports régionaux ont aussi une forte circulation et, de ce fait, sont relativement chers *(Ouest France, Les Dernières Nouvelles d'Alsace, La Voix du Nord, Sud-Ouest)*. Les revues professionnelles à diffusion plus limitée mais plus ciblée sont plus abordables (par exemple les revues destinées aux médecins, aux géologues...).

Selon l'importance du budget annuel consacré à la communication, les agences obtiennent des conditions préférentielles pour leurs clients.

À titre d'exemple :

Tarifs - *LE FIGARO ÉCONOMIE* - (Tarifs au 01.01.2000)

Module *Le Figaro*	Format L x H	Prix HT FF noir & blanc	Prix HT FF bichro	Prix HT FF trichro et quadri
1	110 x 38	14 600	16 060	17 520
1,5	110 x 58	23 500	25 850	28 200
2	110 x 78	29 500	32 450	35 400
3	110 x 118	40 500	44 550	48 600
4	110 x 158 226 x 78	56 000	61 600	67 200
5	110 x 198	71 500	78 650	85 800
6	226 x 158	90 000	99 000	108 000
1/2 page	226 x 158 110 x 318	123 000	135 300	147 600
2/3 page	226 x 198	153 000	168 300	183 600
page sous tétière	226 x 238	192 000	211 200	230 400
pageintérieure	226 x 323	199 000	199 000	199 000

Tarifs - *LE MONDE* - (Tarifs au 01.01.2000)

Module *Le Monde*	Format L x H	Prix HT FF noir & blanc	Prix HT FF quadri
1	142 x 65	26 500	31 500
2	95 x 135	36 500	44 000
3	142 x 135	44 000	54 000
4	190 x 135 95 x 270	63 000	75 000
5	142 x 200	72 000	86 000
6	290 x 135 142 x 270	87 000	104 000
7	190 x 270	115 000	138 000
8	290 x 200	142 000	170 000
9	290 x 410	269 000	322 000
Booster avec teaser dans les pages rédactionnelles	93 x 135	-	-
Booster A	284 x 200	-	149 000
Booster A	380 x 270	-	263 000
Booster A	610 x 200	-	298 000

46

Tarifs - *L'EXPRESS RÉUSSIR* - (Tarifs au 01.01.2000)

Module *L'Express*	Format L x H	Prix HT FF noir & blanc	Prix HT FF bichro	Prix HT FF trichro	Prix HT FF quadri
1	85 x 39	14 900	15 800	16 700	17 600
2	85 x 83	23 300	24 300	25 700	28 900
3	85 x 127	30 700	33 800	38 100	43 700
4	85 x 171 175 x 83	40 700	45 000	50 300	57 300
6	85 x 260 175 x 127	58 500	65 000	73 000	83 800
8	175 x 17	76 000	84 700	95 400	109 000
10	175 x 215	99 900	111 500	121 500	140 900
1 page	FU 175 x 260 PP 210 x 287	111 800	123 000	138 000	159 000

Le rendement de l'annonce

Deux critères sont pris en compte pour juger du rendement d'une annonce : le critère quantitatif et le critère qualitatif. **Le rendement dépend certes du support mais, surtout, de l'étroitesse ou de la largeur de la cible.**

Ainsi, à peine dix réponses venant d'une revue de géologie mais vous mettant en contact avec les spécialistes en études diagraphiques que vous recherchez est-il un bon score, alors que 30 réponses pour une annonce de commerciaux débutants est un faible rendement.

Si le rendement est vraiment mauvais pour des raisons dues au hasard, la plupart des supports acceptent un nouveau passage gratuit ou à tarification réduite, selon les cas. Mais rien ne sert de tricher, il faut attendre au moins deux semaines pour savoir si un rendement est satisfaisant.

Avant de repasser une annonce dont le rendement n'a pas été satisfaisant, les questions doivent se poser à deux niveaux :

• La forme de l'annonce :
  - Le support était-il bon ?
  - La taille était-elle bonne ?

- Le titre de la fonction était-il suffisamment évocateur ?
- Le descriptif était-il suffisamment clair ?
- L'accroche était-elle suffisamment attractive ?
• Le fond de l'annonce :
- La cible est-elle suffisamment large ?
- Le candidat recherché existe-t-il ?
- L'annonce est-elle le bon moyen de le toucher ?

S'il s'agit du fond même, il y a sans doute matière à revoir le poste ou matière à revoir le moyen d'approche du candidat.

Quelques exemples de messages performants

Nous vous présentons quelques annonces dont les rendements ont été qualitativement excellents.

Exemples d'annonces pour des postes spécifiques et mentionnant en clair le nom du « client-employeur »

Une annonce qui s'appuie sur la notoriété du groupe et sur une séduction sobre dans l'approche. Une cible assez large, un poste où les caractéristiques techniques sont moins objectives. Tout donne à penser que la personnalité sera déterminante dans la sélection.

Annonce Danone dans **L'Express**

DEPUIS TOUJOURS, VOUS N'AVANCEZ JAMAIS AUTANT QUE LORSQU'ON VOUS FAIT CONFIANCE.

Chef de Produit senior à l'international

DANONE INTERNATIONAL BRANDS *regroupe les activités export du Groupe DANONE, dont les principales marques internationales (Evian, Volvic, LU...) sont commercialisées dans plus de 100 pays dans le monde.*

Au sein de la structure Marketing International de DANONE INTERNATIONAL BRANDS, vous participez à l'élaboration et à l'application des stratégies internationales des marques de biscuits.

Responsable d'un groupe de pays (Europe du Nord, Suisse, Portugal, DOM, vous animez la mise en œuvre des plans marketing, en intégrant les réalités et contraintes spécifiques à ces marchés. Chargé du suivi et de l'analyse des résultats, vous veillez à optimiser les stratégies adoptées en préconisant des actions correctives.

Coordinateur des projets locaux et international avec les départements producteurs (en France ou en Europe), vous menez une recherche permanente d'opportunités et de synergies.

A 28/30 ans, diplômé d'une grande école de commerce ou d'ingénieurs, vous disposez d'une expérience d'au moins 4 ans dans le domaine marketing pour des produits de grande consommation et maîtrisez l'ensemble du mix. Votre approche pragmatique, votre autonomie et votre aptitude à manager des équipes seront des atouts déterminants pour accéder à d'autres responsabilités dans le groupe.

Ce poste est basé à Paris mais de fréquents déplacements sont à envisager sur l'ensemble de la zone dont vous aurez la responsabilité.

Une excellente pratique de l'anglais est requise.

Nous vous remercions d'adresser votre dossier, sous référence FBS 1EX, à notre conseil :
ERNOULT SEARCH INFRAPLAN
6 avenue de Villars – 75007 Paris.
Fax : 01 53 59 03 29
E-mail : ernoult@cybercable.fr

NOUS CROYONS EN VOUS.

DANONE

MEDIA SYSTEM

49

Annonce *Cecar & Jutheau* dans Entreprise et Carrière

CECAR & JUTHEAU
Paris

Filiale du groupe mondial *Marsh Inc.*, nous sommes le N° 1 en France et en Europe du courtage d'assurances (1200 personnes), comptant parmi nos clients les plus grandes sociétés françaises.
Dans le cadre de notre développement, nous recherchons un

CONSULTANT INTERNE SENIOR
RECRUTEMENT et MOBILITÉ

A sein de la DRH, vous prendrez en charge les opérations de recrutement, de mobilité et de gestion des carrières au sein d'une direction qui se structure avec une volonté forte de service et de conseil auprès de nos directions opérationnelles. Notre objectif est le développement d'une politique Ressources Humaines capable de répondre aux évolutions de nos structures et de nos métiers.

Vous suivrez l'ensemble du processus : descriptif des fonctions et des profils, choix des moyens à mettre en œuvre pour le sourcing et l'évaluation des candidatures, suivi de l'intégration et la mobilité interne. Vous contribuerez à la qualité de nos relations avec les écoles et universités.

Nous recherchons un candidat diplômé de l'enseignement supérieur, avec une expérience réussie du recrutement acquise en entreprise ou en cabinet. Notre environnement de plus en plus international exige un anglais opérationnel. Poste très largement évolutif dans un contexte de développement important.

Merci d'adresser rapidement votre candidature (C.V. + lettre manuscrite + prétentions) sous réf. LCE1E/C à notre cabinet ERNOULT SEARCH INFRAPLAN
6, avenue de Villars - 75007 PARIS - e.mail : ernoult@cybercable.fr

Groupe Marsh Inc.

Cette annonce a donné de bons résultats parce que, malgré sa brièveté, elle situe immédiatement l'entreprise. Elle insiste sur son développement et sur celui du poste. Elle attirera des candidats experts dans leur domaine parce qu'elle valorise leur expérience, quel que soit le secteur où ils l'ont acquise.

Annonce Louis Vuitton dans L'Express

Ce message est aux yeux des professionnels qui l'ont retenu un exemple de cohérence entre le prestige d'une marque et l'élégance du graphisme par sa sobriété.

Malgré la notoriété de la marque, l'effort est fait de donner des éléments factuels.

Exemple d'annonce dite « anonyme » (ne donnant pas le nom du client)

Un texte qui convient quand l'entreprise n'est pas nécessairement connue du grand public. Cette annonce retient l'attention parce qu'elle définit bien l'enjeu de la fonction : mobiliser la base au travers de nouveaux modes d'organisation du travail, (une fonction classique mais très impliquante). Ne pas citer le nom de la société peut aussi faire jouer la curiosité et permettre de corriger certains préjugés lorsque l'échange s'établit.

Annonce DRH-VH2M dans **Le Monde**

Directeur des Ressources Humaines H/F
Usine de haute technologie - Normandie
Groupe américain, n°1 mondial dans son domaine

L'atteinte de l'excellence pour maintenir notre position passe par l'implication et la performance de notre organisation de l'Opérateur à l'Ingénieur. D'où le rôle de premier plan de nos Ressources Humaines.

Chaque RH de site a pour mission :
- être «l'entraîneur» de l'équipe de direction pour renforcer sa capacité à atteindre les objectifs et à accroître ses performances,
- préserver la qualité du climat social,
- contribuer au succès du projet d'entreprise qui nous garantit en 18/24 mois l'atteinte du niveau de performance de nos usines américaines (impact majeur sur la productivité, les changements d'organisation, la gestion des compétences, l'amélioration des conditions de travail).

Deux profils sont possibles :
- A 35 ans, vous justifiez d'une expérience de DRH probante dans des industries technologiques et de main d'œuvre. Vous assurez la direction des Ressources Humaines du site et prendrez ensuite progressivement l'ensemble de la coordination RH des autres unités industrielles et du siège.
- A 45 ans et plus, vous êtes mûr pour prendre en charge, dès maintenant, la coordination Ressources Humaines Groupe, tout en étant vous-même opérationnel sur le site normand.

Anglais nécessaire (rapidement courant).

Nous offrons un univers d'excellence technologique, une implication totale de nos Responsables Ressources Humaines dans les changements et le développement de notre Groupe. Contexte plurinational au quotidien. Lieu de résidence : ville universitaire ou côte normande. Perspectives d'évolution rapides.

★ EURO RSCG FUTURS

Merci d'adresser votre candidature (lettre de motivation, CV et prétentions), sous la référence VH2M, à notre cabinet ERNOULT SEARCH INFRAPLAN 6, avenue de Villars - 75007 PARIS. E-mail : ernoult@cybercable.fr

53

Exemple d'annonces présentant un ensemble de postes pour une même société

Une annonce relais « implicite » : un espace très important pour un recrutement massif. Des informations sur la société mais peu sur le poste parce qu'on le suppose connu et que l'information plus spécifique sera trouvée sur site web et lors de contacts établis avec ceux qui seront présélectionnés.

Annonce Würth

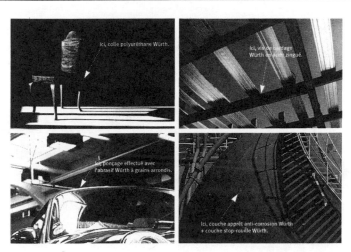

Exemples de pages d'introduction sur site internet

Les deux annonces suivantes ont été retenues parce que l'une joue
sur un texte attractif et que l'autre s'appuie sur une présentation
graphique qui souligne immédiatement les opportunités pour un
large éventail de métiers.

Annonce Air France

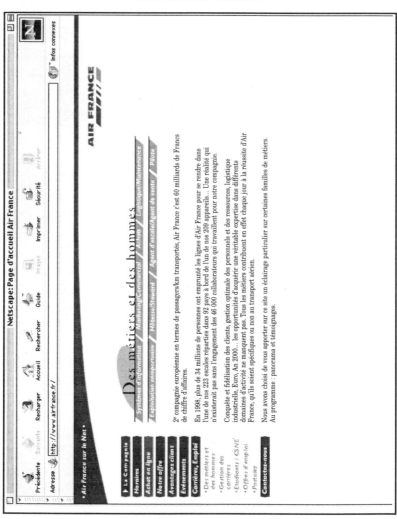

Annonce génération Bouygues Telecom

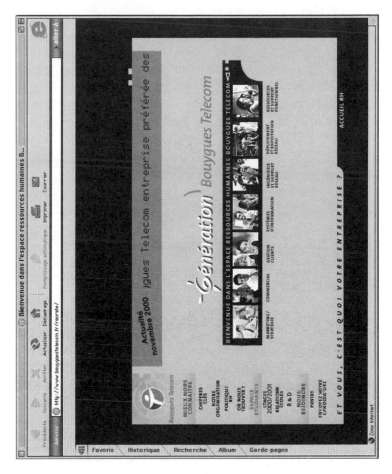

EN RÉSUMÉ

L'annonce

Rédiger le message :
* *en prenant en compte les trois critères suivant :*
  - *la description de fonction,*
  - *le profil recherché,*
  - *la cible à approcher ;*
* *en donnant une idée :*
  - *du secteur de l'entreprise,*
  - *du chiffre d'affaires de l'entreprise,*
  - *des effectifs de l'entreprise,*
  - *du positionnement sur le marché de l'entreprise ;*
* *en énonçant la fonction exacte recherchée ;*
* *en ajoutant quelques lignes sur les responsabilités du poste ;*
* *en indiquant le profil recherché en termes :*
  - *de diplôme ou de niveau,*
  - *d'années d'expérience requises,*
  - *d'acquis spécifiques (pratique des langues étrangères) ;*
* *en décrivant les avantages offerts, dont le salaire ;*
* *en privilégiant les messages factuels plutôt que séduisants ;*
* *en privilégiant un style personnalisé et convivial plutôt que télégraphique.*

Présenter le message en jouant :
* *de l'élaboration du texte ;*
* *de l'utilisation de la couleur ;*
* *des espaces préférentiels.*

Choisir ses supports (presse écrite, internet, bulletin des grandes écoles, courrier des cadres de l'APEC) :
* *en fonction du prix de l'annonce :*
  - *presse nationale,*
  - *presse spécialisée,*
  - *presse régionale,*
  - *presse professionnelle ;*
* *en fonction de rendement de l'annonce.*

L'HISTOIRE D'UN RECRUTEMENT

La rédaction du message

Le texte ci-joint est retenu après échange entre le PDG, monsieur Doroy, et le DRH. L'annonce peut paraître « en clair », c'est-à-dire en identifiant qui est la société, puisqu'il n'y a pas de problème de confidentialité, personne en interne n'étant susceptible de convenir au poste.

ARTIBRED, un des leaders de la boulangerie fraîche sur le marché parisien des hôtels-restaurants, traiteurs de prestige, collectivités et restauration aérienne (5 sociétés, CA de 200 MF, 350 personnes) est un groupe appelé à se développer étape par étape et par croissance interne et externe.

Pour accompagner cette croissance, nous créons en central (proche banlieue Est de Paris) la fonction de Directeur de Gestion.
Nous offrons un cadre de travail au sein d'une équipe de très bons professionnels dont la valeur première est d'apporter le service le meilleur tant en interne que vis-à-vis de chacun de nos clients.

Directeur de gestion h/f (réf. : VPA1F)

Pour permettre à la direction générale de piloter le groupe et sa croissance, votre mission – à caractère opérationnel – est de concevoir les systèmes de gestion, de les mettre en place et de les faire vivre en apportant une assistance « terrain » à chacun des responsables. Rattaché à notre Président, vous supervisez la finance, le contrôle de gestion, la comptabilité et l'informatique (sous-traitée). Vous êtes assisté d'un chef comptable et d'une équipe déjà en place.

Dans l'idéal, vous avez acquis une solide expérience « terrain » de gestion dans des sociétés très réactives à leur marché, en milieu industriel et commercial. Vous avez développé un savoir-faire de diagnostic qui va à l'essentiel et de « force de proposition » auprès des opérationnels. Nous vous offrons un salaire motivant avec voiture de fonction et un intéressement lié aux résultats du groupe.

Merci d'adresser votre candidature (lettre, CV et prétentions) à Artibred
Direction du Personnel – 5, rue Ville nouvelle – 94170 LE PERREUX
E-mail : Artibred@cybercable.fr

La présentation du message

Le contenu est privilégié, dans une présentation classique.

Le choix du support

Il est choisi de mener le recrutement par annonce, dans la mesure où il y a urgence.
Il y a plusieurs supports possibles. Le choix se porte finalement sur Le Figaro *après consultation de l'agence de communication. Cette annonce sera relayée par un message Cadremploi sur internet.*
Un délai d'une semaine est exigé pour réserver l'espace presse et recevoir le « bon à tirer ».

4

Le sourcing

Par sourcing, on entend toute opération qui permet d'entrer en contact avec une cible de candidats dont une partie significative réagira au message reçu en manifestant son intérêt. En ce sens, l'annonce sur un support écrit ou sur site internet est déjà une opération de sourcing.

Nous avons choisi de la traiter en liaison avec la définition du besoin qui passe obligatoirement par la définition du poste. Une annonce bien rédigée ne palliera pas à la mauvaise définition d'un poste. Un poste bien défini, sans une annonce bien faite qui le résume, n'aura pas l'impact voulu. C'était le sens des chapitres 2 et 3. Nous abordons ici les autres opérations de sourcing et les acteurs de ce sourcing.

L'approche directe

Hormis quelques rares exceptions, le fait de choisir une approche directe impose presque *ipso facto* que l'on fasse appel à un cabinet de recrutement.

En effet, de manière générale, l'entreprise n'est pas équipée pour mener cette approche elle-même. Cette pratique n'a certes rien de mystérieux ou de honteux, mais elle nécessite du temps, des moyens significatifs et une réelle expertise.

Parmi ces moyens, citons l'existence des fichiers internes et externes au cabinet et la présence auprès des consultants de chargés de recherche et ou de documentalistes qui vont compléter le travail d'information déjà ébauché avec le décisionnaire lors de la description de fonction : c'est leur rôle de compléter l'information sur les entreprises cibles possibles, en consultant et en croisant toutes les informations utiles.

Cette documentation est établie à partir des différents Kompass, annuaires, généralement sur CD-ROM ou sites web, centrés sur l'information entreprise et par la lecture de la presse spécialisée, elle-même riche en informations récentes sur la vie de ces entreprises. Pour compléter cet aperçu, il existe les annuaires des anciens, des associations professionnelles, des clubs des *Who's Who*, divers et variés, quant à eux plus centrés sur les acteurs dans ces différentes sociétés. La plupart des grandes écoles ont bien compris l'importance de ces annuaires et beaucoup de promotions sortantes adressent par spécialités l'ensemble des CV avec déjà une ébauche de projet professionnel aux entreprises qui recrutent et aux cabinets de recrutement qu'elles identifient comme partenaires possibles.

Même si, dans le principe, donc, **rien n'interdit à l'entreprise de mener elle-même cette recherche directe, une approche systématique de candidats menée par ses soins est source de suspicion pour la plupart d'entre eux,** sauf s'ils connaissent celui qui les contacte (nous en reparlerons plus loin). En effet, lorsqu'il est approché directement par l'entreprise, le candidat se demande s'il est contacté pour étudier une possibilité d'embauche ou pour fournir des renseignements à un concurrent. Quand le contact est établi par un cabinet, ce soupçon n'existe pas. C'est un fait acquis avec les consultants membres de l'un des syndicats professionnels et/ou ceux qui sont qualifiés OPQCM, car tous adhèrent à un code de déontologie qui exclut ce genre de pratiques. Il est ainsi, bien sûr, nécessaire, avant même de rencontrer un conseil extérieur, de s'assurer de ses qualifications et du code de déontologie auquel il adhère.

La solidité d'un cabinet ne réside pas tant dans la richesse de son fichier que dans son savoir-faire. L'important est sa maîtrise du process d'approche directe, sa capacité à identifier rapidement les organigrammes et les expertises professionnelles, à présenter clairement le contenu du poste à pourvoir et les besoins du client mais surtout à bien « vendre » la société pour laquelle il recrute. Le travail sera d'autant plus facile qu'un partenariat se sera instauré entre le consultant et son client. La réputation du cabinet, en termes d'efficacité, de confidentialité et d'éthique, favorise l'écoute du candidat qui répond différemment selon qui le contacte. Une bonne relation avec le consultant l'incite très fortement à être lui-même un bon relais auprès d'autres candidats possible connus de lui.

Il est donc rare, dans la pratique actuelle, que l'entreprise s'engage elle-même dans l'approche directe parce que les candidats y réagissent souvent négativement. La confidentialité n'est pas aussi forte et la confusion des genres est trop forte. Le doute plane. Il arrive pourtant que le recruteur, directeur de l'entreprise ou salarié, n'ait pas besoin ou n'ait pas la possibilité de faire appel à un consultant extérieur ; cela ne l'empêchera pas de recruter de façon légitime et propre.

Il existe actuellement trois catégories socioprofessionnelles pour lesquelles une approche directe faite par l'entreprise elle-même enregistre un certain degré de réussite, même si l'on ne peut pas assimiler complètement ces actions à une approche directe au sens complet du terme ; en effet, bon nombre d'autres opérations sont à mettre en œuvre pour que l'on puisse garantir une approche suffisamment exhaustive.

La première population concernée est essentiellement celle des jeunes diplômés, et ce, depuis plus de dix ans. Peut-on parler d'approche directe puisque les candidats ne sont pas encore en poste et qu'explicitement, ils sont en recherche ? La concurrence des entreprises entre elles, la spécificité de certains profils recherchés permettent de répondre par l'affirmative.

Une catégorie professionnelle très sollicitée de cette façon est la population des attachés commerciaux parce qu'il s'agit, pour bon nombre d'entreprises, de recrutements nombreux et récurrents.

Enfin, pour les mêmes raisons mais avec actuellement un problème de pénurie (l'offre d'emploi excède le nombre de candidats mobilisables), c'est le cas des populations informatiques et spécialistes en télécommunications tout en concernant plus particulièrement les SSII [4].

---

4. SSII : Société de service et d'ingénierie informatique.

La nécessaire évolution de qualité de recrutement en approche directe des SSCI

Les possibilités des SSII se limitent trop souvent à l'octroi de quelques avantages supplémentaires : un léger plus en salaire, un changement de client, et donc d'environnement, une proximité géographique ; et ces éléments de motivation restent la plupart du temps très fragiles. Il arrive même que le candidat change de port d'attache pour se retrouver chez le même client. Or, le véritable enjeu est pour les SSII d'investir plus à fond et à plus long terme dans la « ressource humaine » et, si elles ont parfois des atouts qu'elles ne savent pas mettre en valeur, elles ont surtout besoin d'avoir des pratiques envers leurs collaborateurs qui les différencient des autres SSII : en termes de formation, de style de communication, de sentiment d'appartenance à l'entreprise, d'autonomie et de liberté… En tout cas, les enjeux, la perte de temps, et donc d'argent, pour ces entreprises méritent qu'elles se donnent le temps d'une réflexion que ne permet pas le recrutement en « cow-boy ». Certaines sociétés dans ce secteur veillent cependant à leur communication : ceci leur permet finalement de moins mal réussir que d'autres en recrutement. Le jeu en vaut d'autant plus la chandelle que les SSII, les éditeurs de logiciels et les sociétés spécialisées en télécommunications prévoient que leurs besoins en recrutement se manifesteront au-delà de la ruée provoquée par le passage à l'euro et à l'an 2000. La deuxième étape, au-delà de la communication, est pour eux de mieux gérer ces hommes.

© Éditions d'Organisation

La cooptation

On est pratiquement dans le cas de figure de l'approche directe lorsque les entreprises mettent en place des systèmes de cooptation.

De quoi s'agit-il ? **Il est demandé aux managers de l'entreprise de recommander à la direction du personnel le nom de candidats correspondant aux profils recherchés.** C'est le cas également quand on contacte une association d'anciens ou un fichier informatique. À cette différence près que le candidat doit avoir donné son accord formel pour en faire partie, conformément à la réglementation en vigueur en France et les contrôles dont est chargée la CNIL[5].

Certaines entreprises vont jusqu'à récompenser, sous forme de prime ou de cadeaux, ce type d'intervention. Néanmoins, d'après le témoignage de plusieurs entreprises pratiquant ce type de sourcing, il semblerait que le pourcentage de recrutements par ce biais reste peu élevé, même s'ils sont qualitativement satisfaisants à condition de bien préciser les critères et les compétences recherchés.

Le recrutement par annonce

C'est l'approche la plus « ancienne » et la plus simple. On peut dire aussi que c'est la plus « démocratique » puisqu'elle informe un grand nombre de candidats sans avoir déterminé, *a priori*, s'ils sont intéressants ou non. D'autant que le développement d'internet permet une plus grande diffusion de l'annonce.

On choisit de procéder par annonce essentiellement pour trois raisons :

*   parce qu'à tort ou à raison, on considère que c'est le processus le moins onéreux (en effet, même si le prix du ou des supports choisis est important, le coût global est généralement inférieur à celui de l'approche directe) ;

---

5. CNIL : Commission nationale informatique et liberté.

65

- pour la largeur de la cible (si un grand nombre de candidats correspondent aux critères recherchés, parce que le secteur économique d'origine n'a pas d'importance, par exemple, il est souvent efficace de procéder par annonce) ;
- pour la bonne équation entre la cible des candidats visés et les caractéristiques (sociologiques) du lectorat du ou des supports retenus.

Ces considérations amèneront à choisir, selon les cas, la presse généraliste, grand public, ou la presse spécialisée par secteur économique, voire par métier. Les supports suivent eux-mêmes de très près les caractéristiques de leur lectorat et diffusent régulièrement ces informations à leurs clients potentiels. L'objectivité de ces données peut être contrôlée ou validée par les agences de communication spécialisées en communication emploi. Elles suivent aussi les résultats quantitatifs des annonces passées et conseillent ainsi très utilement leurs clients dans le choix du support.

Quant aux intervenants extérieurs qui limitent leur prestation à l'annonce, ils sont de plus en plus rares. Alors que dans la catégorie des cabinets procédant selon les deux approches on trouve des consultants issus des ressources humaines (un certain nombre de psychologues, parmi eux) et des opérationnels, dans les cabinets ne pratiquant que l'annonce, on rencontrera beaucoup de spécialistes de l'évaluation et donc beaucoup de psychologues ou d'anciens opérationnels connaissant bien une population donnée, pour avoir pratiqué autrefois le même métier.

L'approche mixte : approche directe et annonce

L'avantage d'une approche mixte est de « ratisser plus large », en permettant au candidat non détecté en direct de s'identifier lui-même par le biais de l'annonce ; c'est dans le cas où celle-ci n'offre qu'une faible probabilité de faire émerger un nombre suffisant de candidatures bien ciblées, qu'une approche dite « mixte » est retenue.

Internet, le nouveau support du sourcing

La grande nouveauté de l'année 1999 en France aura été le développement des outils internet.

Cette technologie représente une petite révolution dans nos habitudes. Comme d'autres technologies émergentes, elles véhiculent beaucoup d'euphorie ou d'inquiétude mais aussi beaucoup d'illusions parce que beaucoup de malentendus. Mais **internet est là et il se répand extrêmement rapidement ; c'est déjà plus qu'une niche, car c'est un moyen de communication en soi.**

La France avait joué un rôle précurseur, même si, depuis, nous avons été technologiquement rattrapés et dépassés. En effet, notre produit minitel était extrêmement novateur et les applications à l'emploi n'avaient pas attendu. Elles faisaient l'admiration de nos confrères américains et canadiens : dès 1990, un service d'offres, « cadremploi » [6], s'était développé sur l'initiative d'un petit nombre de cabinets. Depuis, ce service a dû se mettre aux technologies internet puisqu'elles ont un rayonnement planétaire que ne possède évidemment pas le minitel.

Le développement extrêmement rapide aux États-Unis et au Canada du réseau internet a amené une certaine modification du paysage du recrutement : nouvelles possibilités, nouveaux acteurs. Deux raisons majeures à cet énorme succès : la rapidité de la communication, accompagnée du « traitement » des candidatures, et un faible coût relatif puisqu'il représente – selon les dernières informations diffusées – environ 1/9 du coût des médias « papier ». Ainsi, dès 1998, ont fleuri des articles annonçant le succès formidable de ces produits dans le futur et sonnant quasiment le glas des médias écrits – et du métier de conseil en recrutement. On annonce effectivement qu'un certain nombre de supports locaux ont disparu ou ont dû abandonner leur rubrique « offres d'emplois » et se trouver d'autres sources de revenu. Mais la grande presse n'a pas souffert ; le *New York Times*, par exemple, continue à avoir une rubrique d'annonces tout aussi florissante et efficace qu'autrefois.

---

6.   Cf. le complément d'informations p. 70.

Néanmoins, les choses ne vont pas tout à fait aussi vite qu'on l'entend parfois : certaines catégories professionnelles se sont mises rapidement à internet mais d'autres moins. Il est à prévoir un certain nombre de résistances chez nous, mais sans doute pour peu de temps et plus particulièrement en ce qui concerne les plus âgés.

Il existe actuellement deux types de sites sur internet : les sites d'offres et les sites de demande d'emplois.

Dans le premier cas, il s'agit de sites gérés par les entreprises et par les cabinets de recrutement qui présentent des offres d'emplois (à l'exception bien sûr, et ce n'est pas négligeable, de celles qui sont confidentielles, c'est le cas bien sûr pour les postes les plus stratégiques). Plusieurs entreprises ont déjà leur site et la plupart des cabinets en sont pourvus. Les candidats sont invités à transmettre leur CV par e-mail ou à le rentrer directement sur le site.

Le deuxième type de sites propose des candidatures et ce sont, à l'inverse, les entreprises ou cabinets qui le consultent.

Enfin, certains sites cumulent les deux services « offre et demande ».

En ce qui concerne le sourcing sur internet, le recruteur a désormais trois partenaires possibles :

- les agences de communication-emploi, qui se sont mises sur ce marché et aident leurs clients à concevoir et maintenir leur site web, les conseillant dans le choix du ou des supports internet à retenir pour l'offre ou pour la demande, comme elles le font depuis plus longtemps pour le choix des médias papier ;
- certaines structures qui se sont créées spécifiquement autour de la communication internet sans inclure le conseil média classique ;
- quelques conseils qui se sont spécialisés dans la formation des consultants et des attachés de recherche en leur apprenant astucieusement à « surfer sur le net » et à pénétrer dans les différents « clubs » qui regroupent des professionnels dont la préoccupation première est l'échange professionnel plus que l'emploi (ainsi opère par exemple le cabinet de François Foutrier : françois@netrh.com.).

Du support papier au support internet, une évolution prévisible

Faire un petit retour en arrière sur ce qui s'est passé pour l'annonce presse en France nous permet de faire des hypothèses sur l'évolution probable de la communication emploi sur internet.

Après la seconde guerre mondiale, les supports presse proposant une rubrique annonce ont démarré petit, ils n'étaient donc pas chers. *Le Figaro*, pionnier en la matière, a été rapidement suivi par ses confrères ; la communication « entrefilet » a fait place à des messages beaucoup plus complets, beaucoup plus institutionnels, nécessitant aussi plus d'espace. Malgré la concurrence entre les supports, les prix se sont envolés et chacun a trouvé son positionnement. À tel point que le recruteur débutant ou occasionnel, parfois même le recruteur confirmé, a besoin d'être conseillé par les agences de communication dans le choix des supports dont l'efficacité varie selon les événements. Certains supports ont vu exploser leurs rubriques, d'autres ont dû les abandonner.

Il semble en aller de même pour les services internet. Quelques pionniers sont devenus leaders ; la concurrence en matière d'offre devient très importante mais, s'il y a beaucoup d'appelés, il n'y aura que peu d'élus. Il est clair que, pour le moment, les acteurs cherchent surtout à prendre des parts de marché. On annonce le succès formidable de certaines sociétés mais aussi la chute de quelques autres. Il paraît évident en tout cas que le nombre de services proposés aux recruteurs va représenter une telle jungle, avec le meilleur et le pire, qu'il sera nécessaire de se faire conseiller dans le choix de ses partenaires. Quant aux prix, le coût relativement faible des technologies en jeu devrait limiter leur importance. On voit mal comment ceux qui réussiront à s'imposer ne raisonneront pas, cependant, en termes de service rendu et d'efficacité…

Quelques sites internet

• **Cadremploi** (Internet : www.cadremploi.fr - Minitel : 3617 Cadremploi)
Ce service a été créé en 1990 par une cinquantaine de cabinets de recrutement. De nos jours, il constitue en France le premier site en ligne d'offres d'emplois destinées aux cadres. Il fédère les cabinets de recrutement adhérents, les agences de communication emploi et des titres de presse. Son entrée sur internet a eu lieu en 1996. Les actionnaires sont Publiprint *(Le Figaro)* : 62,3 %, Siccer (55 cabinets de recrutement) : 27 % et Sicce SA (15 agences de communication) : 10,7 %. En 1998, le nombre moyen d'offres présentes à un moment donné était de 2 500. Il est passé à environ 6 000 en 2000, témoignant ainsi surtout de la vitalité d'internet.
Il faut savoir que 60 % des offres passées sur ce site ne paraissent pas dans la presse, que 46 % des offres concernent la région parisienne, 52 % les régions et 2 % l'international.
Les candidats interrogent les offres selon quatre critères : la fonction, le secteur d'activité, le salaire, la zone géographique.
Par ailleurs, Cadremploi présente :
– les cabinets, fondateurs et adhérents, soit 180 au total avec renvoi sur le site web de chaque cabinet, quand celui-ci existe ;
– un listing des franchises qui recrutent ;
– un service de calcul des indemnités de licenciement et de l'allocation chômage ;
– la liste des salons professionnels ;
– des données concernant la reprise d'entreprises ;
– un service de scanérisation de photos d'identité pour CV.
Enfin, début 2000, de nouvelles rubriques se sont mises en place : une « candidathèque » (base de CV) sur internet, un système de « *push* » e-mail, un service de conseils CV, lettres et entretiens, et les « *news* » du marché de l'emploi.
Cadremploi s'est récemment associé à l'américain Career Path, site qui reprend les offres de près de 90 % des titres de presse américains incluant le *New York Times*, le *Washington Post*, le *Boston Globe*. Le réseau européen inclut déjà le *Daily Telegraph* en Grande-Bretagne et ABC en Espagne.
• **Monster.fr** (htpp ://www.monster.fr)
C'est la version française de Monster.com qui vient d'arriver en France.
Cette société est filiale de TMP, le groupe américain qui a racheté en Europe des agences de communication comme Sources ou des cabinets de recrutement comme Daniel Porte Consultants, Tasa, Cogeplan, etc. La volonté de ce groupe est de répondre aux besoins créés par la mondialisation du recrutement pour les entreprises et les candidats.
Monster est déjà présent dans sept pays en dehors de la France. Il a l'intention de s'implanter aussi en Allemagne, en Espagne et en Irlande. En Europe, la Grande-Bretagne, les Pays-Bas et la Belgique ont été dotés d'un site avant la France.
Ce service présente à la fois des offres émanant d'entreprises que peuvent sélectionner les candidats et un vivier de candidatures que peuvent sélectionner les recruteurs.
• **L'APEC** publie ses offres d'emploi sur : www.apec.asso.fr
• **Cadres on line** : www.cadresonline.com
• **Job Pilot** : www.jobpilot.fr
Signalons aussi le fait que certains supports « papier » se sont regroupés et font paraître leurs annonces sur internet. Ainsi Cadres on line regroupe-t-il 21 supports : *L'Usine Nouvelle, Le Monde, L'Express, 01 Informatique, LSA, Ouest France, Le Moniteur*, etc.

Nous n'en sommes qu'au début, un certain nombre d'autres sites existent déjà, d'autres sont en gestation. Tous sont prometteurs, tous ne survivront pas.

Les acteurs du sourcing

Les acteurs principaux du sourcing sont bien évidemment les cabinets de recrutement mais notre propos est de donner au lecteur les clefs pour pratiquer par lui-même le sourcing. Néanmoins, parce que nous avons vu qu'en matière d'approche directe il était difficile pour une entreprise de ne pas faire appel à eux, nous leur consacrerons un encadré un peu plus loin.

Les agences de communication spécialisées en communication emploi

Historiquement, elles ont commencé par un travail moins prestigieux que celui de leurs grandes sœurs, les agences de publicité, débutant par l'achat d'espace et n'étant souvent que des intermédiaires. Puis elles ont gagné leurs lettres de noblesse en devenant des expertes du graphisme et de la rédaction d'annonces. Elles se sont développées sur tout ce qui est communication emploi et communication internet – quelques prestataires se sont même spécialisés sur ce seul créneau[7]. Là aussi, certaines sont des structures indépendantes alors que d'autres sont des filiales de groupes de presse ou d'agences de publicité générale. D'autres ont été rachetées par des groupes étrangers, le plus fréquemment acteurs majeurs sur internet et dans l'édition d'annuaires. Toutes ces agences de communication ont leur syndicat, le SNPAC [8].

Votre interlocuteur est un consultant capable de vous assister dans une campagne d'annonce, dans la mise en place d'actions auprès des écoles et universités, dans la rédaction de journaux d'entreprise et de livrets d'accueil ou tout simplement sur une annonce ponctuelle.

Si l'entreprise a fait appel à un consultant en recrutement extérieur, le texte d'une annonce ponctuelle est généralement rédigé par lui.

---

7. Cf. l'Association des conseils en communication pour l'emploi (ACCE) : 61, rue de Turenne - 75004 Paris. Tél. : 01 44 78 38 00.
8. SNPAC : Syndicat national des publicitaires en annonces classées.

Ces dernières années, la prestation de ces agences de communication s'est étendue à la présélection par téléphone pour les recrutements massifs et à la prise en charge du traitement des candidatures spontanées. Ces agences peuvent aussi être la boîte aux lettres de l'entreprise et/ou assurer le traitement des réponses.

D'autre part, certaines agences se sont spécialisées dans les salons, l'organisation de rencontres et la présélection de jeunes diplômés dans les différentes écoles et universités dans le monde. Ce sont des partenaires aussi bien pour les candidats que pour les entreprises. Ainsi, peut-on rencontrer de jeunes Africains ou de jeunes Asiatiques en formation en Europe ou aux États-Unis, désireux de retourner dans leurs pays après quelques années dans un siège parisien, par exemple (du côté des entreprises, une nouvelle fonction est apparue, occupant parfois une personne à temps plein : le campus manager ou le responsable relations écoles/universités, ayant pour interlocuteurs les responsables des bureaux de placement des étudiants).

Les associations d'anciens élèves des écoles et des universités

Ces associations, quand elles existent, sont souvent des interlocuteurs très actifs.

Les associations professionnelles et les clubs de métiers sont aussi de bons contacts. Les conseils en recrutement les sollicitent beaucoup. La plupart de ces associations éditent des annuaires. Les organismes producteurs de fichiers informatisés comme *Tel Search* ou *Alinéa* font gagner un temps précieux aux chargés de recherche en leur permettant de bâtir un mailing ou de pratiquer des appels téléphoniques à partir d'une présélection sur des critères simples : on obtient ainsi plus d'informations sur les candidats et leurs réactions aux premiers renseignements donnés.

Les partenaires publics

En France, il s'agit essentiellement de l'ANPE [9] et de l'APEC [10]. L'une et l'autre sont des partenaires possibles pour l'entreprise en recherche de candidats.

L'ANPE se consacre à l'ensemble des salariés, cadres et non-cadres mais, les cadres étant pris en charge principalement par l'APEC et/ou les organismes privés, on connaît mieux l'ANPE pour son activité non-cadres.

Ses prestations sont gratuites puisqu'elles sont financées par les pouvoirs publics. Son image auprès des cadres n'est pas toujours très bonne, et ce, de façon parfois injuste car elle se doit de faire avec ses moyens limités. Comme dans toute organisation publique et face à l'immensité du besoin, ses acteurs ont souvent tendance à se protéger en fonctionnant de façon très bureaucratique et technocratique. Pourtant, **un grand nombre de professionnels dans ces structures font un travail de très grande qualité. Leur mission n'est cependant pas une mission de conseil auprès des entreprises mais une mission de placement.**

L'APEC, elle, **est spécialisée**, comme son nom l'indique, **dans l'emploi des cadres**. Elle est surtout financée par les cotisations des entreprises et de tout salarié. Ses prestations sont donc gratuites pour les entreprises et pour les candidats.

Les cabinets de recrutement cotisent et ont droit à un certain nombre de prestations pour eux-mêmes ou pour leurs clients. Le temps de trouver un certain équilibre et une répartition des rôles et les rapports sont devenus des rapports de coopération, matérialisés par des accords de partenariat entre l'APEC et les conseils. Mais les frontières sont parfois ténues. Il peut exister, de fait, une certaine concurrence ; l'important est qu'elle soit loyale.

En tout cas, l'entreprise qui n'a pas le budget pour faire appel à un conseil peut s'adresser à l'APEC : celle-ci assurera une partie de la prestation du cabinet, essentiellement dans l'envoi de candidatures.

---

9. ANPE : Agence nationale pour l'emploi.
10. APEC : Association pour l'emploi des cadres.

Le rôle de l'APEC est très important aussi pour les informations qu'elle donne sur les métiers et les entreprises. Son service internet d'offres d'emploi est également de qualité.

Les cabinets de recrutement

Chasseurs ou recruteurs ?

Il y a 20 ans, les cabinets de chasse et les cabinets dits alors de recrutement et de sélection disaient haut et fort qu'ils ne pratiquaient pas le même métier. S'adresser à l'un ou bien à l'autre, c'était choisir sa technique d'approche. Les cabinets d'approche directe recrutaient des dirigeants et se cantonnaient aux cadres supérieurs ; les cabinets de recrutement, quant à eux, se consacraient essentiellement aux jeunes diplômés, aux cadres moyens et parfois à des cadres supérieurs, mais alors par annonce. Si les cabinets de recrutement se contentaient de passer des annonces dans la presse, ils valorisaient la sélection et l'évaluation.

La complexité du marché du travail, la concurrence des entreprises entre elles, la nécessité d'aller chercher les expertises là où elles se trouvaient ont conduit les cabinets de recrutement à utiliser l'approche directe pour des catégories de *middle management.* Le choix d'une approche ou d'une autre est devenu beaucoup plus sain.

La spécialisation se fait ainsi de plus en plus par segmentation selon les niveaux de management. Les cabinets spécialisés dans la recherche de dirigeants excluent les annonces presse grand public mais utilisent énormément les bulletins de liaison, plus confidentiels et mieux ciblés, que publient les différentes associations d'anciens.

Il existait deux associations regroupant les cabinets d'approche directe, l'une américaine et internationale, l'AESC [11], et l'autre française, l'APROCERD [12]. Cette dernière vient de fusionner avec Syntec Recrutement.[13]

---

11. AESC : Association of Executive Search Consultants.
12. APROCERD : Association professionnelle des conseils d'entreprises pour la recherche de dirigeants.
13 Cf. coordonnées en annexe p. 228.

Sauf quelques rares exceptions, les consultants de ces cabinets sont d'un âge mûr et sont issus de formations initiales très variées mais ont comme dénominateur commun d'avoir eu des responsabilités opérationnelles en entreprise. Ils ont généralement une excellente connaissance des affaires et des métiers dans lesquels ils travaillent.

À quel prix ?

À prestation égale, les honoraires peuvent varier, par exemple selon que l'on est en province ou à Paris. Mais tout cabinet vous proposera un devis et la tendance actuelle, sous la pression du législateur d'ailleurs, est de travailler au forfait. Cependant, le salaire est encore, la plupart du temps, la référence à partir de laquelle les honoraires sont calculés et « forfaités ». Ils font donc l'objet d'un contrat, spécifique à chaque mission, ou d'un contrat cadre lorsque s'établit un partenariat régulier avec l'entreprise. L'approche directe est facturée entre 30 % et un tiers de la rémunération annuelle. S'ajoutent à ces honoraires des frais de mission au forfait, ou calculés en pourcentage des honoraires (de 10 à 15 % des honoraires). Ils correspondent aux frais engagés pour la consultation des fichiers extérieurs, l'achat d'espace, etc. Certains cabinets privilégient la pratique des seuils d'intervention face au développement de l'approche directe pour des niveaux de salaire où elle ne se pratiquait pas auparavant. En effet, appliquer un pourcentage à un salaire d'embauche peu élevé, pour une recherche longue et difficile, reviendrait à mener la recherche à perte. Ces seuils de facturation minimum pour l'approche directe vont généralement de 100 à 130 kF dans les cabinets dits « *middle* ». Ils sont de 200 à 250 kF dans quelques cabinets positionnés exclusivement en recherche de dirigeants. C'est un positionnement qui correspond à un besoin réel. Enfin, pour les prestations calculées au temps passé, mentionnons l'existence d'un indice Syntec, publié chaque année, qui sert de référence.

La question pour l'entreprise qui fait appel à un cabinet extérieur est de savoir s'il faut négocier ou pas ? Certains cabinets ne l'acceptent jamais, d'autres systématiquement. Commercialement, on peut considérer qu'une négociation à plus ou moins 10 % est envisageable, selon l'envie que peut avoir un conseil de rentrer chez un client. Au-delà, les choses sont suspectes. L'acculer au plus bas n'en fera pas un partenaire de longue durée.

Exclusivité ou non ?

Pour être complet sur la typologie actuelle des cabinets de recrutement, il faut parler aussi du positionnement en cabinets dits *contingency* et en cabinets dits *retainers*. La pratique des premiers les fait fonctionner sans demander d'exclusivité à leurs clients ; leurs honoraires ne sont dus que si la mission aboutit par leurs soins, comme les agents immobiliers. La pratique des seconds est de ne travailler qu'avec un contrat d'exclusivité. La première approche est très tentante pour l'entreprise, surtout sur des marchés difficiles, face aux métiers où il y a pénurie ; ne payer qu'au résultat semble ne pas poser de problème mais les effets secondaires, pour ne pas être immédiats, n'en sont pas moins nocifs : sans exclusivité, le cabinet va jouer sur les quantités et le candidat présenté à l'un l'est aussi à l'autre ; la recherche risque de ne pas aboutir, la garantie de confidentialité est largement compromise, comme l'image de l'entreprise. D'ailleurs, en France, cette pratique est une clause d'exclusion du SYNTEC.

À l'opposé, les cabinets *retainers* ne travaillent qu'avec un contrat d'exclusivité qui leur permet une implication maximum et leur donne toutes les chances d'une bonne fin de mission.

Les cabinets généralistes et les cabinets spécialisés

Enfin il existe des cabinets dits généralistes et des cabinets spécialisés. Le consultant en approche directe s'interdisant de chasser chez ses clients (ce qui, bien sûr, ne lui simplifie pas la tâche !), cette règle élimine pratiquement la spécialisation trop forte par secteur mais la spécialisation reste possible par « métiers ».

Avec quels interlocuteurs
Le personnage central, outre le dirigeant du cabinet qui en est l'animateur, souvent lui-même consultant pour un fort pourcentage de son temps, est **le consultant**. C'est lui votre interlocuteur principal, avec qui vous définirez votre besoin et qui vous présentera les candidats.

Le deuxième personnage clé est **le chargé de recherche** qui, sous la houlette du consultant, entre en piste pour désigner les meilleurs candidats potentiels suite à un travail précis d'identification et d'approche.

Le dernier personnage important est l'assistante-secrétaire du consultant qui est difficile à joindre parce que très sollicité.

L'internationalisation des cabinets
L'européanisation accentue la possibilité d'aller chercher votre candidat à l'extérieur des frontières. Ainsi, certains cabinets sont filiales de sociétés étrangères installées dans pratiquement toutes les grandes capitales. D'autres ont choisi de rester indépendants mais ont créé des réseaux ; ces réseaux vont d'un simple échange de coordonnées à des missions en commun.

Qu'est-ce que le sourcing ?

C'est une opération qui permet d'entrer en contact avec une cible de candidats susceptibles de répondre à l'offre de recrutement.
Elle se fait par :
- *approche directe (presque systématiquement menée par les cabinets de recrutement) ;*
- *cooptation (menée par des managers de l'entreprise qui recommandent des personnes de leur connaissance) ;*
- *recrutement par annonce (qui permet une cible plus large) ;*
- *approche mixte (approche directe et annonce) ;*
- *internet.*

Le recruteur mène ces opérations de sourcing avec l'aide :
- *des agences spécialisées en communication emploi ;*
- *des associations d'anciens élèves des écoles et universités ;*
- *des partenaires publics (APEC-ANPE) ;*
- *des cabinets de recrutement (pour l'approche directe, c'est une nécessité).*

L'HISTOIRE D'UN RECRUTEMENT

Le président d'ARTIBRED et son responsable des ressources humaines ont fait le tour de leurs relations, des candidatures spontanées qu'ils reçoivent, comme ils avaient fait le tour des candidats possibles par promotion/mutation interne. Il a été, par exemple, envisagé de solliciter la candidature d'un des intervenants d'un des cabinets d'expertise comptable extérieurs utilisés. Ces différentes possibilités n'ayant pas abouti, il a donc été décidé de procéder par annonce dans la presse écrite nationale.

L'annonce d'ARTIBRED dans la presse et sur internet (Cadremploi) donne les résultats suivants :
Quelques réponses arrivent immédiatement (3 jours après parution) :
- *six réponses presse,*
- *quatre réponses internet.*
Le gros des réponses s'étale sur les jours suivants. Au total, 55 réponses sont à examiner.

Deux candidats qui connaissent déjà le PDG se manifestent directement. Il est décidé de les inclure dans la sélection.

5
De la présélection
des candidatures à l'entretien

L'entretien est une étape majeure de l'évaluation du candidat et de son profil de compétences. Dans ce chapitre, nous nous intéresserons aux principaux tenants et aboutissants de l'entretien. Il existe d'autres modes d'évaluation et d'autres moments clés ; le chapitre suivant leur sera plus particulièrement consacré.

Lorsqu'il s'agit de réponses à un message, quel qu'en soit le support (par courrier ou via internet), les échanges entre professionnels et les statistiques tenues par les services recrutement, les cabinets et les agences de communication donnent à penser qu'une cinquantaine de réponses est un bon score. Il s'agit évidemment de moyenne ; le nombre de réponses pouvant atteindre plusieurs centaines ou se réduire au contraire à quelques réponses quand la cible est très étroite, les conditions offertes peu compétitives ou très exigeantes. **Statistiquement, il faut pouvoir rencontrer une dizaine de candidats bien ciblés pour mener sa mission à bien.** Certaines sociétés et certains cabinets utilisent la graphologie. Nous n'y sommes pas favorables à ce stade, mais ce point sera développé plus loin lorsque nous passerons en revue les différentes méthodes d'évaluation et leur validité (voir le chapitre 6).

Nous invitons le recruteur à mener sa démarche autour de six thèmes :

1. Le dossier de candidature.
2. Comment sélectionner les candidats à interviewer.
3. Comment les convoquer et les accueillir.
4. Acquérir en amont les compétences de l'interviewer.
5. Le déroulement de l'entretien.
6. Les dix commandements du bon recruteur.

Le dossier de candidature

Pour le recruteur, les candidats ont été identifiés ; ils ont réagi positivement aux messages qui leur ont été adressés par la presse, par « mailing » courrier, par e-mail, ou encore par un appel téléphonique du chargé de recherche. Dans bon nombre de cas, les informations obtenues ne sont pas suffisantes, le CV est trop sommaire. Il s'agit alors de demander au candidat d'envoyer un CV plus complet et/ou de remplir un dossier de candidature détaillé (il peut aussi lui être remis à la fin de l'entretien et il sera renvoyé alors par courrier ou déposé sur site web).

Chaque société, si elle recrute de façon récurrente, aura intérêt à concevoir son propre dossier de candidature qui confère une homogénéité facilitant les comparaisons. Mais le modèle qui vous est proposé illustre bien les informations utiles au « recruteur » qui seront complétées lors de l'entretien.

Modèle de dossier de candidature

ERNOULT SEARCH INFRAPLAN

MEMBRE DE SYNTEC

DOSSIER DE CANDIDATURE   N° └─┴─┴─┴─┴─┘

Ce document est destiné à faciliter l'étude et le suivi de votre dossier.
Merci de bien vouloir le remplir avec soin.

Origine C └─┴─┘

Nom : _____ Prénom : _____

☎ pers. : _____ ☎ prof. : _____ poste : _____
(s'il est possible de vous y joindre discrètement)

Adresse : _____

Ville : _____ Code Postal : └─┴─┴─┴─┴─┘

Date et lieu de naissance : _____ └─┴─┘ Nationalité : _____

Situation de famille : _____ Nombre et âge des enfants : _____

Profession du conjoint : _____ Est-il employé actuellement : OUI ❏ NON ❏

(photo)

MOBILITE   Paris ❏   Province ❏   Etranger ❏

FORMATION
ETUDES SECONDAIRES ET SUPÉRIEURES

Etablissements fréquentés	Diplômes obtenus	Dates
		└─┴─┴─┴─┘
		└─┴─┴─┴─┘
		└─┴─┴─┴─┘

FORMATION COMPLÉMENTAIRE

└─┴─┴─┴─┘

LANGUES ETRANGERES Indiquez les langues que vous pratiquez en précisant le niveau :

		Notions	Pratique à améliorer	Pratique courante	
1					└─┴─┘
2					└─┴─┘
3					└─┴─┘

6, AVENUE DE VILLARS - 75007 PARIS · TÉL. 01 53 59 03 10 - FAX 01 53 59 03 29
SARL AU CAPITAL DE 400.000 F - SIRET 306 769 878 00027 - APE 745A

83

EXPERIENCE PROFESSIONNELLE *(stages pratiques si vous êtes débutant)*

En commençant par le poste le plus récent

Société : _____ Secteur d'activité : _____ └─┴─┴─┘

Adresse : _____ Effectif : _____ └─┘

_____ CA annuel : _____

Depuis le : _____ au : _____ Durée : _____ └─┴─┘

Poste occupé : _____ └─┴─┴─┘

Tracer un organigramme permettant de vous situer avec précision dans l'entreprise :

Missions :

Moyens (budget, équipe, matériel) :

Principales réalisations, résultats :

Compétences développées :

Motif du départ :

Dernière rémunération (fixe, variable, avantages) :

Position actuelle vis-à-vis de cet employeur : Salarié en activité ❑   Préavis en cours ❑   Libre d'emploi ❑

Date de disponibilité :

EXPERIENCE PROFESSIONNELLE *(suite)*

Poste précédent

Société : _____ Secteur d'activité : _____ ⊔⊔⊔

Adresse : _____ Effectif : _____ ⊔

_____ CA annuel : _____

Depuis le : _____ au : _____ Durée : _____ ⊔⊔

Poste occupé : _____ ⊔⊔⊔

Fonction *(à développer)* :

Motif du départ :

Rémunération (fixe, variable, avantages) :

En remontant dans le passé...

Société : _____ Secteur d'activité : _____ ⊔⊔⊔

Adresse : _____ Effectif : _____ ⊔

_____ CA annuel : _____

Depuis le : _____ au : _____ Durée : _____ ⊔⊔

Poste occupé : _____ ⊔⊔⊔

Fonction *(à développer)* :

Motif du départ :

Rémunération (fixe, variable, avantages) :

Indiquez la fonction exercée que vous estimez la plus représentative de votre carrière : ⊔⊔⊔

Secteur d'activité : ⊔⊔⊔

MOTIVATIONS

Pour le poste à pourvoir :

Responsabilité souhaitées à terme :

Rémunération souhaitée :

REFERENCES

Nom	Fonction	Société	Tél.

INFORMATIONS COMPLEMENTAIRES

Service National :

non encore effectué ❏   réformé ❏   exempté ❏   effectué ❏   date :

Permis de conduire :   OUI ❏ NON ❏   Disposez-vous d'un véhicule personnel?

Activités ou responsabilités extra-professionnelles :

Loisirs :

Informations que vous jugez utile d'apporter :

© Éditions d'Organisation

AXES DE DEVELOPPEMENT

Décrivez les compétences que vous avez été amené à développer lors de vos dernières expériences professionnelles.

A partir de celles-ci, pouvez-vous citer les compétences que vous saurez mettre en valeur aujourd'hui?

AXES DE DEVELOPPEMENT   *(suite)*

Parmi ces compétences, quelles sont celles que vous souhaiteriez améliorer ou renforcer dans votre prochaine fonction?

Je soussigné (e) _____ certifie sincère et exact l'ensemble des informations communiquées.
J'autorise ☐ je n'autorise pas ☐ ERNOULT SEARCH INFRAPLAN à conserver les informations contenues dans ce document.
Il est entendu que les renseignements que j'ai fournis sont strictement confidentiels et ne pourront être communiqués sans mon accord préalable.
De plus, conformément aux dispositions de la loi 78-17 "Informatique, Fichiers et Libertés", je conserve la possibilité d'accéder à ces informations et de les rectifier si je le juge nécessaire.

Date : _____

Signature :

Comment sélectionner les candidats à interviewer

C'est certainement durant cette phase que le recruteur ressent le plus d'angoisse. Les supports précédents, compléments au CV, que sont les dossiers de candidature ou les présentations téléphoniques qu'il aura pu mener ou faire mener, auront complété son information. C'est pour lui l'heure de prendre la décision : approfondir la candidature ou l'écarter.

Cette délicate opération se fait généralement en deux temps : **le candidat est « jaugé » par rapport au profil établi puis comparaison est faite des candidats possibles entre eux...** Si la moisson a été riche, on s'en tient aux critères tels qu'ils ont été établis. Si elle est plus pauvre en volume, on aura tendance à élargir ces critères, commençant par ceux qui ne sont pas rédhibitoires. Par exemple, dans le critère formation, il a été mentionné « école de commerce de premier niveau ». Si HEC ou ESSEC ont répondu, il y aura peu de chance laissée au candidat d'une école de commerce moins connue de province. De façon concrète, à ce stade, **il est indispensable d'avoir en tête ou devant soi le profil du candidat et de passer le temps nécessaire à lire chaque CV et chaque lettre de motivation, ce qui demande quelques minutes par candidature.**

La plupart des recruteurs vous diront qu'ils établissent ainsi trois catégories : les plus, les plus ou moins et les moins figurées comme suit :

	+	+/-	-
Nombre d'années d'expérience requis Formation initiale Âge Langue étrangère obligatoire Connaissance du secteur Expérience d'encadrement Taille de l'entreprise, effectif, chiffre d'affaires Complexité de l'entreprise (multinationale, gestion multi-site)			

La pondération des différents critères se résume à ceux qui sont rédhibitoires et ceux qui ne le sont pas. Par exemple, dans

« connaissance de l'anglais », on peut considérer que si tous les autres critères sont remplis, un anglais « améliorable » est acceptable.

Il est relativement simple d'aboutir aux deux catégories extrêmes « plus » et « moins ». La catégorie des « plus ou moins » va demander un peu plus de réflexion pour basculer *in fine* vers l'une ou l'autre des catégories précédentes. C'est là où la démarche et le comparatif d'une candidature à l'autre vont intervenir le plus et c'est à ce stade que ceux qui font intervenir la graphologie l'utilisent parfois pour les aider à trancher, en particulier pour cette catégorie des « plus ou moins ». Nous n'y sommes personnellement pas favorables car on mélange alors des critères « objectifs » et des critères de structure intellectuelle et de personnalité.

Comment convoquer et accueillir les candidats

L'entretien est la pierre angulaire de toute évaluation, et tout le monde s'accorde à lui donner ce rôle de « pivot central ». Les autres méthodes, en revanche, ont leurs promoteurs et leurs détracteurs. Mais **la qualité de l'entretien à venir est déjà fortement conditionnée par ces préalables.**

La courtoisie avec laquelle les contacts s'établiront, le délai pris, le nombre de rendez-vous sont des éléments qui influent sur l'image de l'entreprise et qui sont, aux yeux du candidat, révélateurs de son mode de fonctionnement. Tous ces éléments influenceront sa décision face à une offre finale. Chaque candidat contacté véhicule ensuite cette image. Dans un contexte libéral et capitaliste, le candidat est aussi un consommateur actif ou potentiel des produits ou des services offerts par la société avec laquelle il entre ainsi en relation. Il est un préconisateur potentiel.

Bien évidemment, un minimum de savoir-vivre exclut toute pratique irrespectueuse, sur la base d'une relation égalitaire où les deux parties, entreprise et candidat, peuvent être utiles l'une à l'autre. Il suffit de recueillir les insatisfactions des candidats (mais aussi la frustration du décisionnaire face à un désistement de dernière minute) pour savoir que **l'attention à apporter au processus** du recrutement n'est pas un luxe et mesurer la nécessité d'user de bon sens, de courtoisie et de rapidité.

Il ne s'agit pas de tomber dans un excès d'obséquiosité ou de donner au candidat une image qui ne corresponde pas à la réalité. Mais beaucoup de sociétés perdent de bonnes candidatures parce qu'elles ne respectent pas les horaires, parce qu'elles donnent l'impression d'imposer de façon autoritaire la date du rendez-vous. Les formules de simple politesse ne sont pas superflues, même si le style adopté sur le réseau internet est souvent télégraphique.

L'accueil dans la société doit se faire également de façon courtoise et dans des bureaux confortables. Dans bon nombre de cas, et tout particulièrement pour les candidats approchés directement, donc pas encore nécessairement décidés à quitter leur entreprise, beaucoup d'interviewers passent trop vite sur leur présentation.

Les responsables de l'accueil doivent aussi avoir le sens du service : préciser si le rendez-vous aura bien lieu à l'heure dite ou si un retard est à prévoir. Tout peut arriver et le recruteur n'est pas à l'abri d'un incident ; l'important est de l'expliquer et de s'assurer que l'agenda du candidat n'en sera pas perturbé. Ce n'est pas la même chose d'attendre une demi-heure en sachant que ce sera une demi-heure ou d'attendre sans savoir si ce sera une heure ou plus. Enfin, si chacun a le droit d'avoir son style, il y a des symboles à éviter : recevoir son visiteur derrière un bureau présidentiel par exemple. Il est tellement plus naturel de le recevoir de l'autre côté de son bureau ou à une table de travail, avec accès facile aux documents dont on peut avoir besoin.

Vos candidats sont présélectionnés, l'heure de l'entretien a sonné. Mais, au fait, avez-vous quelques compétences en la matière ?

Les compétences de l'interviewer : comment les acquérir en amont

Beaucoup de managers pensent qu'ils ont une intuition qui leur permet de ne pas se tromper en recrutement et, donc, qu'ils n'ont pas d'effort particulier à faire ; **ils n'imaginent pas, ainsi, qu'un apprentissage des techniques d'interview soit nécessaire.** Notre propre expérience nous a montré qu'un tel don est extrêmement rare. En tout cas, si l'on en fait son métier, un peu plus d'humilité est assurément nécessaire.

Il est fondamental pour acquérir l'objectivité requise de se mettre en position d'écoute et de bien appréhender quelles sont nos facultés et nos limites en matière de perception.

Les mécanismes de la perception

Quelques exercices simples font bien comprendre ce qui peut se passer au cours d'un entretien :

La figure de Bohring

Ce grand classique présente l'avantage d'avoir été beaucoup utilisé et de permettre des observations « statistiques » intéressantes.

Son objectif : montrer l'aspect immédiat et difficilement révocable de nos premières impressions.

Déroulement : on montre rapidement, à chacun des membres du groupe, une figure qui représente une tête de femme. Le lecteur, de préférence seul, fera l'exercice individuellement en se reportant immédiatement à la figure 4 ; il inscrira sur un papier l'âge approximatif de la femme telle qu'il la voit. Si l'on fait l'expérience en groupe (c'est le plus intéressant), l'animateur demandera à chacun d'inscrire sur un papier devant lui l'âge de cette femme, puis il ramassera les papiers et affichera les résultats.

Figure 4. Figure de Bohring

Cette femme peut-être perçue comme une jeune femme (disons, de 18 à 30 ans) ou comme une femme très vieille (souvent plus de 70 ans), selon la façon dont l'observateur structure spontanément la figure.

En moyenne, 80 % des observateurs voient une jeune femme, 20 % voient une vieille femme, sauf avec les groupes qui connaissent déjà l'exercice. En groupe, on engage une discussion pour expliciter ce qui a été pris en compte dans la perception : ceux qui ont vu le personnage de profil dans les deux tiers supérieurs gauche perçoivent la jeune femme, ceux qui ont vu en priorité les deux tiers inférieurs du profil, le collier devenant bouche, perçoivent la vieille femme. La première a un profil élégant, la seconde un profil plutôt disgracieux.

L'observation la plus intéressante est dans la difficulté possible de passer d'une perception à l'autre : la première perception reste prégnante. **Il en va de même dans les premières secondes de l'entretien : en effet, le tout premier contact visuel, avant toute autre forme de communication, s'impose à nous dès que nous accueillons un visiteur.**

Plusieurs mémoires d'étudiants en psychologie ont mis en évidence que, statistiquement, les populations les plus jeunes perçoivent la jeune femme (projection sans doute). Il semble y avoir aussi une corrélation entre le fait de passer plus facilement d'une perception à l'autre et la perception du mouvement dans les planches du Rorchach – test projectif des taches d'encre (cf. page 62) avec, pour exemple, deux personnages qui dansent au lieu de deux personnes se chauffant les mains.

Les travaux de la Gestalt et l'exercice « destination fond et forme »

L'impression générale influence la perception plus analytique de chacun des éléments. C'est ce qu'a mis en relief une école de psychologie qui a étudié de façon très extensive les mécanismes de la perception. Cette école, la Gestalt, met en évidence aussi les rapports entre fond(s) et forme(s). Une illustration simple en est faite avec la figure suivante :

Figure 5. Exercice « destination fond et forme »

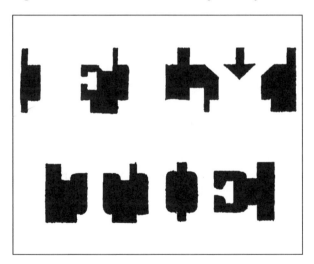

Spontanément, des motifs géométriques sont perçus, mais sur fond blanc. Si l'on renverse forme et fond, en considérant le noir comme fond et le blanc comme forme, apparaissent alors les mots FLY et TIE. **Les conclusions intéressantes par rapport à la conduite de l'entretien sont de constater que, si les perceptions qui peuvent être plus objectives sont déjà fonction de chaque individu, il en est de**

même, mais dans une bien plus large mesure, des perceptions plus « psychologiques ».

Nos attitudes sous-jacentes, plus ou moins conscientes, influencent nos perceptions. **L'objectif pour l'interviewer est de prendre de la distance par rapport à ses propres attitudes.** « Connais-toi toi-même » est la première règle pour l'interviewer, faute de quoi il sera victime de marottes et de préjugés qu'il sera le seul à ne pas voir.

L'étude des stéréotypes

L'exercice des stéréotypes « nationaux »

Un exercice désormais classique dans la formation et la préparation des interviewers porte sur l'image que nous avons des différentes nationalités.

Objectif

L'objectif de cet exercice est d'explorer l'univers culturel du groupe et de faire émerger une série de stéréotypes.

Descriptif

Chaque futur interviewer est invité à utiliser individuellement une feuille qui comporte une liste d'adjectifs et un tableau. Nous vous conseillons de faire vous-même cette exercice, avant bien sûr d'aller au « corrigé ».

La liste d'adjectifs			
Ambitieux	Séduisant	Passionné	Traditionnel
Artiste	Ignorant	Pratique	Infidèle
Attrayant	Arrogant	Progressif	Chaleureux
Prudent	Impulsif	Querelleur	Spirituel
Consciencieux	Intelligent	Sûr	Lourd
Conservateur	Paresseux	Sérieux	Flegmatique
Conventionnel	Dévoué	Digne de confiance	Impossible
Cruel	Matérialiste	Religieux	Sournois
Déterminé	Mercenaire	Sensuel	Pugnace
Émotif	Méthodique	Scientifique	Traître
Insouciant	Modeste	Perspicace	Secret
Heureux	Modéré	Habile	Emporté
Honnête	Musicien	Rusé	Fort
Travailleur	Adroit	Superstitieux	Sportif

Le tableau				
Anglais	Italiens	Allemands	Japonais	Turcs

Consignes

Votre tâche consiste à choisir parmi la liste d'adjectifs les cinq qua-
lificatifs qui, pour vous, s'appliquent le mieux à chaque groupe
national cité ; une fois que vous aurez procédé à vos choix d'adjectifs, reportez-les dans le tableau, en regard de chaque pays, en les
rangeant par ordre d'importance décroissant.

Interprétation

Le choix des adjectifs les mieux appropriés est largement tributaire
de nos propres stéréotypes culturels. La valeur positive ou négative
de ces attributs peut varier d'un pays à l'autre, d'un groupe à
l'autre, et varier également dans le temps.

À titre de comparaison, voici les résultats d'un sondage mené aux
États-Unis auprès d'une population d'étudiants américains auxquels on avait demandé de choisir cinq adjectifs concernant ces
cinq groupes nationaux.

Anglais	Italiens	Allemands	Japonais	Turcs
Conservateurs	Passionnés	Travailleurs	Travailleurs	Ignorants
Intelligents	Impulsifs	Scientifiques	Intelligents	Traîtres
Sportifs	Emportés	Méthodiques	Progressifs	Cruels
Traditionnels	Artistes	Intelligents	Perspicaces	Sensuels
Conventionnels	Musiciens	Lourds	Rusés	Religieux

On peut faire l'hypothèse optimiste que la perception stéréoty-pique des groupes nationaux a tendance à être plus positive lorsque des informations, des voyages, des communications peuvent rapprocher les individus des peuples concernés.

L'exercice « Qui est monsieur Dupont ? »

Objectif
Il est de permettre une meilleure compréhension du mécanisme des inférences.

Consignes
« Essayez d'imaginer un individu dont on vous donne progressivement certaines caractéristiques. Après lecture de chaque nouvelle informa-tion concernant monsieur Dupont, faites part de vos impression à l'animateur. De quel type d'homme s'agit-il ? Qui n'est-il certaine-ment pas, compte tenu de ces indications ? Associez vos idées le plus librement possible à partir des données présentées et déjà connues ».
Pour faciliter la progression sans risque d'anticipation, l'animateur peut utiliser une feuille de papier pour cacher les propositions encore non connues de la liste et déplacer peu à peu le « cache » vers le bas.

Matériel
Un rétro-projecteur, pour une utilisation en groupe. On inscrit sur un transparent la liste des informations concernant monsieur Dupont et on ne dévoile les propositions qu'une à une. En individuel, découvrez chaque proposition une à une en cachant les propositions suivantes :

1. Son prénom est Albert.
2. Il est de nationalité française.
3. Il a été réformé.
4. Son épouse est très jolie.
5. Il est père de quatre enfants.
6. Il a soixante ans.
7. Il possède une Mercedes.
8. Il habite Paris 16ᵉ.
9. Il est catholique pratiquant.
10. Il dirige une grosse entreprise multinationale.
11. Il passe sa vie dans les avions.
12. Il vote à gauche.

Que savez-vous en définitive de monsieur Dupont ? Et quelles sont les questions qu'il faudrait poser pour le définir encore mieux ?

Interprétation

Il existe un rapport inversement proportionnel entre la fréquence d'apparition d'une unité et l'information qu'elle apporte. Quand la fréquence est grande, l'information diminue. Par exemple, entre les deux formulations « Monsieur Dupont est de nationalité française » et « Monsieur Dupont a été réformé », l'information est plus grande dans le second énoncé car, compte tenu de son nom – Dupont –, il y a beaucoup de chances pour qu'il soit français. La prévisibilité est en ce cas forte et n'apporte que peu d'informations alors que le fait d'être réformé est beaucoup moins prévisible. L'information se présente donc comme une réduction progressive de l'incertitude.

Chaque nouvelle information restreint les champs du possible : l'environnement social de l'individu considéré (milieu, modes de vie, habitudes…) permet de faire des hypothèses sur son comportement. **Les sous-entendus culturels inscrits dans les affirmations les plus simples peuvent déclencher des représentations plus ou moins ajustées, des impressions globalisantes plus ou moins éloignées du réel.**

Pour composer l'image finale, les impressions successives se combinent et la résultante du processus de perception intègre, en les pondérant, les données fournies.

De l'importance de s'en tenir aux faits et aux comportements

Pour vous en convaincre, nous vous proposons les trois exercices suivants, avec la « correction » que vous ne consulterez qu'après avoir fait l'exercice vous-même, ou en groupe si vous en avez la possibilité…

Exercice n° 1

Un homme d'affaire venait juste d'éteindre les lumières dans le magasin quand un homme apparut et demanda de l'argent. Le propriétaire ouvrit une caisse enregistreuse. Le contenu de la caisse enregistreuse fut raflé : l'homme s'enfuit à toute allure. On avisa rapidement un agent de police.

(V = vrai F = faux ? = on ne sait pas – incertain)	V	F	?
1. Un homme apparut après que le propriétaire ait éteint les lumières de son magasin.			
2. Le voleur était un homme.			
3. L'homme n'a pas demandé d'argent.			
4. L'homme qui a ouvert la caisse enregistreuse était le propriétaire.			
5. Le propriétaire du magasin a raflé le contenu de la caisse enregistreuse et s'est enfui.			
6. Quelqu'un a ouvert la caisse enregistreuse.			
7. Après que l'homme qui avait demandé l'argent eut raflé le contenu de la caisse enregistreuse, il s'enfuit en courant.			
8. La caisse enregistreuse contenait de l'argent mais l'histoire ne dit pas combien.			
9. Le voleur a demandé de l'argent au propriétaire.			
10. L'histoire raconte une série d'événements dans lesquels il n'est question que de trois personnes : le propriétaire du magasin, un homme qui a demandé de l'argent et un agent de police.			
11. Les événements suivants ont fait partie de l'histoire : quelqu'un a demandé de l'argent, une caisse enregistreuse a été ouverte, son contenu a été raflé, un homme est sorti en courant du magasin.			

Correction

(V = vrai F = faux ? = on ne sait pas – incertain)	V	F	?
1. Un homme apparut après que le propriétaire ait éteint les lumières de son magasin. *Doute : propriétaire = homme d'affaire ?*			X
2. Le voleur était un homme. *Doute : y a-t-il eu vol ?*			X
3. L'homme n'a pas demandé d'argent.		X	
4. L'homme qui a ouvert la caisse enregistreuse était le propriétaire.	X		
5. Le propriétaire du magasin a raflé le contenu de la caisse enregistreuse et s'est enfui. *Doute : on ne sait pas si l'homme = le propriétaire.*			X
6. Quelqu'un a ouvert la caisse enregistreuse.	X		
7. Après que l'homme qui avait demandé l'argent eut raflé le contenu de la caisse enregistreuse, il s'enfuit en courant. *Doute :*			X
8. La caisse enregistreuse contenait de l'argent mais l'histoire ne dit pas combien. *Doute : on ne dit pas si la caisse contenait de l'argent.*			X
9. Le voleur a demandé de l'argent au propriétaire. *Doute : l'homme = voleur ?*			X
10. L'histoire raconte une série d'événements dans lesquels il n'est question que de trois personnes : le propriétaire du magasin, un homme qui a demandé de l'argent et un agent de police. *Doute :*			X
11. Les événements suivants ont fait partie de l'histoire : quelqu'un a demandé de l'argent, une caisse enregistreuse a été ouverte, son contenu a été raflé, un homme est sorti en courant du magasin.	X		

Exercice n° 2

Jacques MARTIAL, directeur des recherches d'une société de produits alimentaires, décide un programme de développement prioritaire d'un procédé nouveau. Il donne à trois de ses collaborateurs l'autorisation de dépenser jusqu'à 50 000 F chacun, sans avoir à le consulter. Il envoie un de ses meilleurs collaborateurs, Lambert, à l'usine d'Aquitaine, avec l'ordre de travailler indépendamment sur le nouveau procédé. Dans la semaine, Lambert trouve un nouvel angle d'approche du problème, extrêmement prometteur.

	V	F	?
1. Martial envoie l'un de ses meilleurs collaborateurs à l'usine d'Aquitaine.			
2. Martial surestime la compétence de Lambert.			
3. Lambert ne parvient pas à trouver quelque chose de nouveau.			
4. Lambert n'a pas l'autorisation de faire des dépenses sans consulter Martial.			
5. Trois seulement des collaborateurs de Martial ont l'autorisation de faire des dépenses sans le consulter.			
6. Le directeur des recherches envoie un de ses meilleurs collaborateurs à l'usine d'Aquitaine.			
7. Trois hommes reçoivent l'autorisation de dépenser 50 000 F chacun, sans consulter Martial.			
8. Martial a une haute opinion de Lambert.			
9. Il n'est question que de quatre personnes dans cette histoire.			
10. Martial est le directeur des recherches d'une société de produits alimentaires.			
11. Alors que Martial donne à trois de ses meilleurs collaborateurs l'autorisation de dépenser jusqu'à 50 000 F chacun, l'histoire ne dit pas clairement si Lambert est un de ces hommes.			

Correction

	V	F	?
1. Martial envoie l'un de ses meilleurs collaborateurs à l'usine d'Aquitaine.	X		
2. Martial surestime la compétence de Lambert.			X
3. Lambert ne parvient pas à trouver quelque chose de nouveau.		X	
4. Lambert n'a pas l'autorisation de faire des dépenses sans consulter Martial.			X
5. Trois seulement des collaborateurs de Martial ont l'autorisation de faire des dépenses sans le consulter.			X
6. Le directeur des recherches envoie un de ses meilleurs collaborateurs à l'usine d'Aquitaine.	X		
7. Trois hommes reçoivent l'autorisation de dépenser 50 000 F chacun, sans consulter Martial.	X		
8. Martial a une haute opinion de Lambert.			X
9. Il n'est question que de quatre personnes dans cette histoire.			X
10. Martial est le directeur des recherches d'une société de produits alimentaires.	X		
11. Alors que Martial donne à trois de ses meilleurs collaborateurs l'autorisation de dépenser jusqu'à 50 000 F chacun, l'histoire ne dit pas clairement si Lambert est un de ces hommes.	X		

Exercice n° 3
Les exemples de comportement, un entraînement à l'évaluation

Objectif
L'objectif est de reconnaître un **exemple réel de comportement** (qui enregistre ce qu'une personne fait ou dit) **d'une conclusion morale, vague ou générale** (qui ne décrit pas ce que fait ou dit une personne).

Déroulement
Chaque participant est invité à utiliscr individuellement une feuille comportant, à gauche, une liste d'exemples d'informations recueillies lors d'interviews, à droite, deux colonnes.

Consignes
Vous allez trouver ci-après une liste d'exemples d'informations recueillies par des interviewers et démontrant de façon « évidente » l'existence de critères. Votre tâche va consister à faire une croix dans la colonne « bon » ou « mauvais » selon que l'exemple proposé vous paraîtra décrire ou non ce qu'à dit ou fait l'interviewé.

EXEMPLES	BON	MAUVAIS
1. Je pense qu'elle a été le leader dans son groupe. 2. Pendant un jour de révision, elle se rendit compte qu'un de ses examens et la date limite de remise d'un rapport important tombaient la même semaine. Elle demanda à l'enseignant si elle pouvait passer l'examen une semaine plus tôt. 3. De ce qu'elle a dit, on pouvait facilement conclure qu'elle ne résiste pas au stress (elle déprime). 4. Elle a fait quelques interventions très créatives. 5. Quand elle était trésorier du club, elle a investi l'argent restant dans une société de construction. 6. Elle était très bonne administrative dans son dernier job. 7. Elle releva des incohérences dans la façon dont les analystes de sa section analysaient le *cash flow*. D'elle-même, elle rédigea un manuel à leur intention. 8. Elle était jolie fille. 9. Elle était très sincère quand elle m'a décrit son travail social à l'hôpital.		

10) Quand je l'ai interrogé sur son plan de carrière, elle m'a répondu qu'elle voulait travailler comme manager à un poste senior avec des responsabilités financières et de politique générale.

11) Elle est entrée dans la pièce en fumant.

12) Elle cherche un poste d'analyste de production ou d'analyste financier pour élargir son champ et ses connaissances dans le domaine financier.

13) Elle m'a donné beaucoup d'informations sur son job précédent.

14) Elle m'a posé huit questions sur notre plan de retraite, dont certaines auxquelles je n'avais jamais pensé.

15) Elle a pris des notes pendant l'entretien et s'y est reportée quand je lui ai donné l'occasion de poser des questions.

16) Ses raisons pour quitter son poste actuel étaient très bonnes.

17) Ses parents sont décédés et elle a dit qu'elle était prête à la mobilité.

18) Elle a été très tenace dans sa façon de me harceler.

19) Pendant que je lui ai posé les questions, elle était confortablement assise dans sa chaise, les jambes croisées et elle avait souvent le sourire aux lèvres pendant qu'elle me répondait.

20) À chacune de mes questions, elle a fait une pose parfois de dix secondes avant de me répondre.

21) Elle m'a dit qu'il ne lui était pas possible de se rendre à l'entretien à la première date proposée parce que son patron était absent.

22) Elle a trouvé beaucoup de choses sur notre société.

23) Je lui ai demandé comment elle répartissait son temps entre les travaux de routine et les projets spéciaux. Elle m'a dit que les deux ayant des délais définis, elle se basait sur ces délais pour établir ses priorités et partager le temps.

24) Elle s'est montrée très intéressée quand je lui ai expliqué comment j'allais conduire l'entretien.

25) Elle a dit que lorsqu'elle déléguait, elle cherchait la personne la moins occupée.

26) Quand je lui ai demandé ce qu'elle avait trouvé de plus difficile dans la préparation de cet entretien, elle a dit que c'était de décider comment s'habiller.

27) Sans contestation possible, elle a bien mené l'entretien, mais je ne la considère pas valable pour le poste.

28) Après l'entretien, en quittant la pièce, elle s'est retournée et m'a dit : « À propos, je vous signale que mon oncle est le directeur. »

Correction

EXEMPLES	BON	MAUVAIS
1. Je pense qu'elle a été le leader dans son groupe.		X
2. Pendant un jour de révision, elle se rendit compte qu'un de ses examens et la date limite de remise d'un rapport important tombaient la même semaine. Elle demanda à l'enseignant si elle pouvait passer l'examen une semaine plus tôt.	X	
3. De ce qu'elle a dit, on pouvait facilement conclure qu'elle ne résiste pas au stress (elle déprime).		X
4. Elle a fait quelques interventions très créatives.		X
5. Quand elle était trésorier du club, elle a investi l'argent restant dans une société de construction.	X	
6. Elle était très bonne administrative dans son dernier job.		X
7. Elle releva des incohérences dans la façon dont les analystes de sa section analysaient le cash flow. D'elle-même, elle rédigea un manuel à leur intention.	X	
8. Elle était jolie fille.		X
9. Elle était très sincère quand elle m'a décrit son travail social à l'hôpital.		X
10) Quand je l'ai interrogé sur son plan de carrière, elle m'a répondu qu'elle voulait travailler comme manager à un poste senior avec des responsabilités financières et de politique générale.	X	
11) Elle est entrée dans la pièce en fumant.	X	
12) Elle cherche un poste d'analyste de production ou d'analyste financier pour élargir son champ et ses connaissances dans le domaine financier.	X	
13) Elle m'a donné beaucoup d'informations sur son job précédent.		X
14) Elle m'a posé huit questions sur notre plan de retraite, dont certaines auxquelles je n'avais jamais pensé.	X	
15) Elle a pris des notes pendant l'entretien et s'y est reportée quand je lui ai donné l'occasion de poser des questions.	X	
16) Ses raisons pour quitter son poste actuel étaient très bonnes.		X
17) Ses parents sont décédés et elle a dit qu'elle était prête à la mobilité.	X	
18) Elle a été très tenace dans sa façon de me harceler.	X	
19) Pendant que je lui ai posé les questions, elle était confortablement assise dans sa chaise, les jambes croisées et elle avait souvent le sourire aux lèvres pendant qu'elle me répondait.	X	

20) À chacune de mes questions, elle a fait une pose parfois de dix secondes avant de me répondre.	X		
21) Elle m'a dit qu'il ne lui était pas possible de se rendre à l'entretien à la première date proposée parce que son patron était absent.	X		
22) Elle a trouvé beaucoup de choses sur notre société.		X	
23) Je lui ai demandé comment elle répartissait son temps entre les travaux de routine et les projets spéciaux. Elle m'a dit que les deux ayant des délais définis, elle se basait sur ces délais pour établir ses priorités et partager le temps.	X		
24) Elle s'est montrée très intéressée quand je lui ai expliqué comment j'allais conduire l'entretien.		X	
25) Elle a dit que lorsqu'elle déléguait, elle cherchait la personne la moins occupée.	X		
26) Quand je lui ai demandé ce qu'elle avait trouvé de plus difficile dans la préparation de cet entretien, elle a dit que c'était de décider comment s'habiller.	X		
27) Sans contestation possible, elle a bien mené l'entretien, mais je ne la considère pas valable pour le poste.		X	
28) Après l'entretien, en quittant la pièce, elle s'est retournée et m'a dit : « À propos, je vous signale que mon oncle est le directeur. »	X		

Bien connaître ses attitudes d'interviewer et leurs conséquences sur l'interviewé, selon l'exercice de Porter

Nous vous proposons ici l'exercice dit de Porter, psychologue américain qui a, dans la ligne de Carl Rogers et de ses travaux sur la non-directivité et l'empathie, mis en évidence les réactions de l'interviewé.

L'exemple qui suit reprend des extraits d'entretien. Cet exercice ne vous sera utile que si vous le faites de façon très spontanée, avant d'en lire les conclusions.

Consignes

Vous allez trouver dix extraits d'entretien (cas n° 1, cas n° 2, etc.). Pour chacun d'entre eux, six interventions vous sont proposées. Notez le plus spontanément possible celle que vous choisiriez de faire, si vous étiez l'interviewer, en encerclant la réponse de votre choix.

CAS n° 1

Je suis entré ici avec mon seul brevet industriel. En dix ans, on m'a fait énormément progresser. Il est vrai que j'ai suivi pas mal de cours et que je continue ; actuellement, par exemple, je suis des cours sur de nouvelles méthodes de programmation... Il n'empêche que je dois beaucoup à cette entreprise où je me sens très apprécié... Dans un an, je serai promu au poste d'ingénieur maison. On ne me l'a pas écrit noir sur blanc, mais je sais que cela se fera ; je serai alors le plus jeune promu à un poste d'ingénieur maison... Mais, à ce moment, je vais être bloqué. Je vais me trouver en parallèle uniquement avec des cadres diplômés de grandes écoles... J'ai peur que ça ne soit mon bâton de maréchal... Et j'ai 28 ans... Voilà pourquoi j'ai envie de changer d'entreprise.

CAS n° 2

Je suis dans une situation vraiment difficile : j'étais secrétaire général d'une petite filiale de notre groupe... Une filiale qui ne marchait du reste pas bien du tout... La première année, je n'ai pas pu faire grand chose de constructif... J'ai analysé les causes des difficultés... J'ai dû me séparer du directeur commercial, en engager un autre... Le laisser se mettre au courant... J'ai, à ce moment, demandé au président un adjoint... J'étais fatigué et tendu... C'est à ce moment que j'ai eu un grave accident d'auto... Je me suis arrêté six mois... Mon adjoint m'a remplacé... Au moment où j'ai voulu reprendre, mon président m'a dit de me reposer encore deux mois... J'étais inquiet pour ma situation... Il m'a dit de ne pas me faire de souci et que, si je ne retournais pas à mon poste, une autre situation me serait donnée... C'est fait : on me réintègre dans le groupe à un poste d'adjoint... Sans avenir... Je pense devoir donner ma démission mais, compte tenu de l'état du marché, je devrais peut-être rester prudent.

CAS n° 3

Je suis arrivé à la conclusion que je m'étais mal orienté et qu'il fallait que je recherche une autre situation... Mon travail ne m'intéresse pas du tout... Je n'aime pas la R & D... Je m'y suis résigné jusqu'à présent parce qu'ayant fait six ans d'université pour passer mon doctorat, je me suis dit : c'est idiot de ne pas utiliser ce diplôme... Mais, à présent, j'ai l'impression qu'il vaut mieux quitter la R & D et m'engager dans une autre voie plus opérationnelle... Même s'il faut recommencer par le bas.

CAS n° 4

Depuis maintenant près de cinq ans que je suis chef d'agence, j'ai recruté personnellement mon équipe, j'ai formé les commerciaux sur le terrain, j'ai toujours été à leur côté, je ne les ai jamais laissés tomber. Et maintenant que nos résultats baissent, ils rejettent la faute sur moi ! Je vous avoue que j'ai ressenti cela comme une trahison. Je pensais avoir créé une équipe soudée avec des commerciaux qui m'aimaient bien et je me retrouve pratiquement seul. Ce sont des situations pénibles et assez décevantes.

CAS n° 5

J'ai posé ma candidature... et, du reste, obtenu ce poste technico-commercial. ça ne marche pas mal... Tout au moins jusqu'à présent... Et, pour l'instant, je suis plutôt en période de formation. Mais, ce qui m'ennuie, c'est que je me demande si cette orientation est vraiment celle qui me convient... J'ai fait ce changement un peu sous l'influence de ma femme, je pense... J'étais ingénieur process dans un bureau d'études et cela me convenait... Mais, évidemment, par rapport à certains de nos amis qui sont dans le commercial, ma situation était moins brillante... Je suis encore hésitant.

CAS n° 6

C'est comme quand je passe des coups de fil personnels... Il est toujours sur mon dos à surveiller ce que je fais et à me faire des reproches. Dès que je reviens d'un rendez-vous chez un client, il m'attend devant la porte et il faut que je lui fasse un compte rendu complet... J'ai l'impression qu'il se méfie de moi... et même qu'il me trouve nul ! Pourtant mes résultats sont bons, je suis au-dessus de mes objectifs... et, quand je suis sur le terrain, j'ai l'impression qu'on apprécie mon travail. Je ne comprends pas ce qu'il me reproche. Pourquoi m'en veut-il à ce point ? D'accord, j'ai fait une bonne école de commerce et lui n'a pas de diplôme. Mais je n'arrive pas à croire que c'est à cause de ça...

CAS n° 7

Vous savez, je suis le seul à ne pas avoir une voiture de fonction. Tous les autres en ont une et j'estime que mes résultats sont assez bons pour avoir, moi aussi, la mienne.

CAS n° 8
Je vous ai envoyé une candidature spontanée car votre secteur m'attire beaucoup. Pour moi, cela représente l'aventure, les voyages... Il y a un côté magique qu'on ne retrouve pas ailleurs. J'ai envie de rentrer chez vous car c'est une compagnie internationale, c'est important pour moi. En plus, vos publicités sont superbes ! J'ai vraiment l'impression qu'on peut y mener une carrière variée et exaltante... Mon objectif est vraiment d'entrer dans cette société.

CAS n° 9
Je n'arrive vraiment pas à comprendre... Ainsi, lorsque je réussis quelque chose ou lorsque j'ai un coup de chance, je suis incapable d'en croire mes yeux... Et, alors, j'agis comme si cela ne m'était jamais arrivé, comme si ce n'était pas réel... Cela commence à me travailler... Ainsi, par exemple, je rêvais de faire une présentation des résultats de mes recherches devant mon équipe... Il m'a fallu des semaines avant d'oser le demander à mon patron... Et quand je me suis enfin décidé à lui poser la question, il a accepté ! Eh bien, je ne pouvais pas croire que c'était vrai... Cela me semblait tellement invraisemblable qu'en fin de compte, le lendemain, je suis allé le trouver pour lui dire que ça n'en valait pas la peine, je ne pouvais pas croire que mes résultats pouvaient intéresser des gens qui sont tous dix fois plus forts que moi.

CAS n° 10
Je suis déterminé à avancer dans la vie. Je n'ai pas peur de travailler. Et je n'ai pas peur d'écoper quelques coups durs. Pourvu que je voie clairement ce à quoi je peux parvenir. Je refuse de me contenter d'une vie médiocre. Je veux devenir quelqu'un, même si mon attitude en dérange plus d'un.

•

Réponses possibles - CAS n° 1
1. *Je pense qu'il serait utile pour votre carrière de rester encore quelques années dans cette entreprise afin d'aborder en qualité d'ingénieur les fonctions d'organisateur.*
2. *Il me semble que vous avez eu dans cette société une progression intéressante et que votre désir de changer maintenant est judicieux.*

3. *Vous êtes dans une situation que bien des cadres connaissent...*
    Heureusement, l'industrie offre suffisamment de débouchés...
    En général, chacun trouve une solution à ses problèmes.
4. *Êtes-vous sûr que le fait de vous trouver avec une majorité de*
    cadres diplômés ne vous laisse pas de possibilités de progression ?
5. *Il me semble que, poussé par votre ambition, du reste légitime,*
    vous risquez de prendre une décision hâtive ; par crainte de voir
    plus tard votre avenir bloqué, vous négligez les avantages que
    vous pouvez obtenir dans votre poste actuel.
6. *Bien que le fait de faire partie de cette société vous ait été très*
    profitable, vous craignez de voir plus tard votre progression
    stoppée et vous préférez tout de suite une situation qui vous offre
    plus de perspective d'avenir.

Réponses possibles - CAS n° 2

1. *Il vous paraît difficile d'admettre que l'on vous propose un poste*
    apparemment inférieur, et, malgré votre fatigue, vous envisagez
    de quitter la société.
2. *Dans votre situation, et surtout si vous êtes encore fatigué, je vous*
    conseille de ne pas envisager un changement dans l'immédiat.
3. *Vous êtes déçu par cette proposition, votre désir de quitter l'entre-*
    prise semble dû à une réaction de susceptibilité un peu trop vive.
4. *Ce nouveau poste est-il vraiment inférieur au précédent ?*
5. *Évidemment, je pense qu'il est difficile d'accepter une sorte de rétro-*
    gradation et que votre désir de quitter l'entreprise est explicable.
6. *C'est un mauvais moment à passer, mais il n'y a pas de raison*
    pour que la nouvelle situation qu'on vous offre ne vous permet-
    te pas, plus tard, de remonter le courant.

Réponses possibles - CAS n° 3

1. *Vous avez l'impression que vous serez plus heureux si vous pou-*
    viez changer de profession et essayer quelque chose qui vous
    conviendrait mieux.
2. *Nul ne pourrait dire si un nouveau domaine sera vraiment plus*
    satisfaisant pour vous. Quoi qu'il en soit, ce qui me semble posi-
    tif, c'est que vous paraissiez déterminé.
3. *C'est dommage de renoncer aux avantages que vous avez acquis*
    dans votre domaine actuel... Peut-être pourriez-vous chercher
    une solution intermédiaire ?

4. *Vous auriez intérêt à rester dans la branche qui vous permet d'utiliser pleinement votre formation.*
5. *Vous avez l'impression qu'il vaut mieux changer de carrière. Je crois que vous faites une réaction de rejet un peu immature.*
6. *Vous êtes-vous informé des carrières que vous pourriez envisager ?*

Réponses possibles - CAS n° 4
1. *Tous les commerciaux sont des individualistes qui réagissent en fonction de leurs seuls intérêts.*
2. *Maintenant que vos commerciaux vous ont rejeté, vous avez l'impression d'être complètement seul et vous en souffrez.*
3. *J'aimerais connaître quelques exemples concrets de l'ingratitude de ces commerciaux.*
4. *Votre réaction paraît normale si l'ingratitude de votre équipe est aussi marquée.*
5. *Le fait de leur avoir beaucoup donné vous fait juger peut-être trop sévèrement leur comportement actuel.*
6. *Ne vous laissez pas influencer par leur comportement... Le mieux est de maintenir votre attitude.*

Réponses possibles - CAS n° 5
1. *Vous avez raison de vous interroger. C'est un problème grave et il est bien que vous en ayez pris conscience.*
2. *Parlez-moi donc de vos préoccupations actuelles.*
3. *Vous faites partie de ces hommes qui, en fait, sont fortement influencés par leurs femmes.*
4. *Étant donné que vous ne paraissez pas très satisfait de ce changement, un retour vers des services techniques est à conseiller, et ceci, assez vite.*
5. *Vous sentez que c'est votre femme qui vous a influencé et vous n'êtes pas sûr que cette nouvelle situation corresponde bien à vos aptitudes.*
6. *Vous êtes ennuyé car vous craignez de ne pas réussir.*

Réponses possibles - CAS n° 6
1. *Votre patron pense que, malgré vos diplômes, vous devez être formé à la dure. S'il est si exigeant avec vous, c'est peut-être justement qu'il pense que vous en valez la peine.*
2. *Je comprends à quel point cette situation doit être pénible pour vous. Cette pression sans motif clair, c'est déstabilisant.*

3. *Essayez donc de lui demander en face de vous expliquer les raisons de cette attitude.*
4. *Quel est le niveau de votre chiffre d'affaires ?*
5. *Vous avez le sentiment de ne plus pouvoir sauvegarder un minimum d'indépendance et de n'être pas pris au sérieux.*
6. *C'est une mauvaise façon de gérer ses collaborateurs, malheureusement fréquente chez les autodidactes.*

Réponses possibles - CAS n° 7
1. *Il y a beaucoup de laxisme et d'injustice dans la façon d'attribuer les voitures de fonction.*
2. *Demandez à votre patron de négocier ça avec les services généraux.*
3. *Vous seriez vraiment très heureux d'avoir une voiture et de vous sentir l'égal des autres commerciaux.*
4. *Vous savez, il y a beaucoup d'autres commerciaux qui n'ont pas de voiture de fonction, cela paraît injuste sur le moment et puis après l'on n'y pense plus.*
5. *Vous vous sentez lésé d'être le seul à ne pas avoir de voiture, vous éprouvez un certain sentiment d'injustice.*
6. *Vous êtes-vous informé des prix et des conditions de crédit des différentes marques de voitures ?*

Réponses possibles - CAS n° 8
1. *Votre enthousiasme est sympathique. Vous avez raison d'être aussi motivé, ça finit toujours par être payant.*
2. *Vous avez une vision idyllique de ce qu'on trouve au sein d'une compagnie pétrolière. Voilà certainement un problème qu'il s'agit de résoudre. C'est un métier très exigeant qui demande beaucoup de disponibilité.*
3. *Je comprends votre intérêt pour notre activité, c'est naturel. Mais votre vision est assez naïve, attention aux désillusions ! Votre goût de l'aventure est bien compréhensible à votre âge mais une entreprise comme la nôtre a besoin de partenaires responsables.*
4. *Il serait instructif de découvrir d'où viennent ces impressions sur les métiers du pétrole. Comment vous êtes-vous renseigné ? Avez vous pris l'initiative d'entrer en contact avec des professionnels, êtes-vous allé à des forums ?*
5. *Vous avez le sentiment qu'en entrant chez nous vous allez pouvoir évoluer dans un milieu professionnel riche et varié et mener une carrière exaltante.*

6. *Je ne vois rien qui corresponde à votre profil dans mon unité. Je vous mets en contact avec le service recrutement.*

Réponses possibles - CAS n° 9

1. *Je doute qu'il y ait là de quoi vous inquiéter. Il ne s'agit au fond de rien de très grave. Je pense que nous arriverons à arranger cela.*
2. *Se pourrait-il que vous soyez tellement exigeant avec vous-même que la perspective d'une bonne chose, d'un certain plaisir, vous semble irréelle ?*
3. *Dites un peu, il est temps que vous appreniez à vous comporter comme un homme et à vous faire une idée un peu plus réaliste de ce que l'on attend de vous. Peu importe que vous soyez débutant, vous avez votre rôle à jouer et on compte sur vous.*
4. *Pour dépasser ce malaise, je pense que vous devriez faire une demande de stage afin de vous aider à prendre de l'assurance et à croire en vos capacités.*
5. *Je me demande si ces sentiments d'irréalité se rapportent à un domaine particulier de votre expérience. Par exemple, que voulez-vous dire par « lorsque j'ai un coup de chance » ?*
6. *Il vous est donc extrêmement difficile de croire que quelque chose de bon puisse vous arriver ?*

Réponses possibles - CAS n° 10

1. *Dans quelles situations professionnelles avez-vous eu des « retours de bâtons » de ce type ?*
2. *Vous avez le mérite d'être clair avec vous-même, tellement peu de gens ont cette franchise.*
3. *La détermination de réussir constitue certes un atout puissant. Mais cette attitude vous fera plus de tort que de bien.*
4. *Vous êtes donc à l'évidence un homme très ambitieux. Vous sortez d'une bonne école de commerce, ce type de formation amplifie ces prédispositions.*
5. *Dans votre cas, une participation à des sessions de travail en groupe vous serait très profitable, à mon avis.*
6. *Vous voulez réussir et vous êtes prêt à en payer le prix.*

Correction

Dans cette grille de correction, reportez dans chaque colonne correspondant à chaque extrait d'entretien l'intervention que vous avez spontanément choisie.

ATTITUDES	← CAS →										TOTAL
	1	2	3	4	5	6	7	8	9	10	
A	1 ☐	2 ☐	4 ☐	6 ☐	4 ☐	3 ☐	2 ☐	6 ☐	4 ☐	5 ☐	☐
B	2 ☐	5 ☐	2 ☐	4 ☐	3 ☐	6 ☐	1 ☐	2 ☐	3 ☐	3 ☐	☐
C	3 ☐	6 ☐	3 ☐	1 ☐	1 ☐	2 ☐	4 ☐	1 ☐	1 ☐	2 ☐	☐
D	4 ☐	4 ☐	6 ☐	3 ☐	2 ☐	4 ☐	6 ☐	4 ☐	5 ☐	1 ☐	☐
E	5 ☐	3 ☐	5 ☐	5 ☐	6 ☐	1 ☐	5 ☐	3 ☐	2 ☐	4 ☐	☐
F	6 ☐	1 ☐	1 ☐	2 ☐	5 ☐	5 ☐	3 ☐	5 ☐	6 ☐	6 ☐	☐

Lorsque vous avez reporté votre réponse dans chaque colonne (une par colonne) faites le total en bout de ligne.

Le total le plus élevé indique quel est votre attitude dominante et le score le plus faible l'attitude la moins spontanée pour vous.

Interprétation

Reportez-vous à la grille suivante, définissant chaque attitude et les conséquences les plus probables chez les interviewés.

SIGNIFICATION DES ATTITUDES		
Repère	**Mon total**	**Signification/Type d'attitude habituelle en face à face**
A		Vos réponses tendent à apporter une **réponse immédiate au problème**. Vous réagissez par l'action et en poussant à l'action. Vous voyez tout de suite l'issue que, vous, vous choisiriez : vous n'attendez pas d'en savoir davantage.
B		Vos réponses sont **évaluatives**, c'est-à-dire qu'elles impliquent un point de vue moral personnel et comportant un jugement (critique ou approbateur) à l'égard d'autrui.
C		Vos réponses sont des réponses de **soutien** visant à apporter un encouragement, une consolidation ou une compensation. Vous compatissez beaucoup et vous pensez qu'il faut éviter qu'autrui ne dramatise.
D		Vos réponses sont **investigatrices**. Vous vous empressez d'en savoir davantage et vous orientez l'entretien vers ce qui vous paraît important, comme si vous accusiez l'autre de ne pas vouloir dire l'essentiel ou de perdre du temps.
E		Vos réponses sont des **interprétations** de ce qui vous est dit. Vous ne comprenez que ce que vous voulez comprendre, vous cherchez ce qui vous paraît, à vous, l'essentiel et votre esprit cherche une explication. En fait, vous opérez une distorsion par rapport à ce que l'autre voulait dire, vous déformez sa pensée.
F		Vos réponses sont **compréhensives** et reflètent un effort pour vous introduire sincèrement dans le problème tel qu'il est vécu par l'autre. Vous voulez d'abord vérifier si vous avez bien compris ce qui a été dit. Cette attitude relance l'interlocuteur et l'entraîne à s'exprimer davantage, puisqu'il a la preuve que vous écoutez sans préjugé.

LES ATTITUDES SUIVANT PORTER		
TYPE	**MANIFESTATIONS CHEZ L'INTERVIEWER**	**CONSÉQUENCES SUR L'INTERVIEWÉ**
ÉVALUATION **B**	Conseil ou approbation moralisante. Désapprobation.	Recherche d'un accord de l'interviewer ou blocage. Blocage, révolte, dissimulation, angoisse, fuite.
SOUTIEN **C**	Attitude maternelle ou paternalisante, cherchant à prodiguer encouragement, réconfort ou consolation.	Désir de conserver la bienveillance, ce qui renforce la dépendance. Refus hostile d'être traité de cette façon amenant la contre dépendance. Attente que tout vienne de l'interviewer.
INTER-PRÉTATION **E**	Reprise partielle de ce qui a été dit (reformalisation inductive). Distorsion de sa propre manière de comprendre, de sa théorie ou de son choix personnels.	Blocage car l'interviewé ne comprend pas. Désintérêt pour l'entretien. Irritation.
ENQUÊTE **D**	Recherche d'information qui trahit chez l'interviewer ce que ce dernier considère comme important ou valorise personnellement.	Hostilité. L'interviewé est orienté et transformé en « questionné ».
SOLUTION **A**	Fournit la réponse au problème ou à la situation posée.	Impression d'être éconduit. Impression qu'il doit choisir cette voie. Ceci renforce la dépendance. Possibilité, si la situation ne donne pas de bons résultats, d'en rejeter la responsabilité sur l'interviewer.
COMPRÉ-HENSION **F**	Attitude « empathique » de re-formulation non directive basée sur l'hypothèse que l'interviewé, doué d'autonomie, est capable de prendre lui-même ses décisions. Réexprime la totalité du comportement de l'interviewé, au niveau du contenu manifeste comme du sens et des émotions latentes. Présence authentique de neutralité bienveillante, liée à l'acceptation inconditionnelle d'autrui.	Prend conscience et comprend mieux les aspects de son comportement qu'il avait du mal à voir clairement auparavant. Appréhende l'événement avec une confiance en lui (ou elle) beaucoup plus importante. Évolue vers une capacité d'aborder le problème qui le préoccupe ou dont il souffre de façon constructive et moins angoissante.

Le tableau suivant classe ces attitudes de la plus directive à la moins directive.

Figure 6. Classement des attitudes suivant Porter

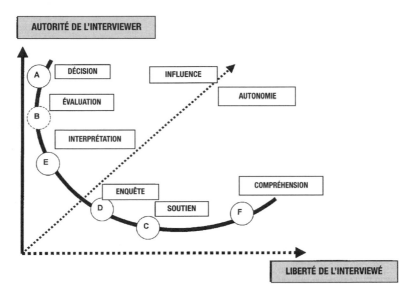

- **Il met en relief la relation inversement proportionnelle entre l'autorité ou la directivité de l'interviewer et la liberté de l'interviewé** : d'un côté, c'est l'influence de l'interviewer qui est au maximum ; de l'autre, c'est la possibilité d'autonomie de l'interviewé.

- **L'entretien de recrutement** a pour but de recueillir le maximum d'informations pour évaluer le candidat. Ce **n'est pas le moment idéal pour influencer ou même conseiller le candidat,** du moins pas dans un premier temps.

Conclusions à tirer des exercices précédents pour mener à bien un entretien

Il est intéressant de savoir quel est son style spontané afin de se mettre en condition pour mener correctement ses entretiens.

L'objectif est évidemment de pouvoir travailler ses interventions de façon à donner au candidat le maximum d'autonomie. Un entretien

117

de recrutement ne peut pas être complètement non directif puisque l'on dispose, lors du premier contact, d'une à deux heures, tout au plus.

Il s'agit en fait d'un entretien semi-structuré où l'interviewer doit ramener l'interviewé sur le sujet lorsqu'il s'en écarte manifestement. Il doit s'assurer qu'un certain rythme est gardé pour, en fin de parcours, avoir couvert l'ensemble des domaines prévus. Il n'est donc pas possible d'éliminer totalement les questions dites d'enquête dans la terminologie de Porter. Mais ces questions doivent être « dosées ».

En particulier, afin d'éviter que l'entretien ne se transforme en enquête policière, **on utilisera des questions dites questions ouvertes,** c'est-à-dire qui n'attendent pas des réponses par oui ou par non, permettant au candidat un développement plus explicite et plus complet. Ainsi, « Êtes-vous favorable à l'expatriation ? » est une formulation moins ouverte que : « Quels souhaits et quelles contraintes avez-vous vis-à-vis de l'expatriation ? ». Les interviewers débutants réalisent très spontanément, ou en tout cas rapidement, pourquoi les attitudes de solution sont à éviter : il ne s'agit pas d'un entretien d'orientation.

Éviter les interventions d'évaluation, surtout les évaluations positives, **est un peu plus difficile.**

Enfin, **les interprétations** sont assez fréquentes quand on est « psychologue en herbe » ou « apprenti sorcier ». Elles **sont à supprimer : quand bien même elles seraient justes, elles n'ont aucune chance d'être admises par l'intéressé** et c'est donc un message inutile. En outre, elles seront souvent partielles ou erronées car, tant que l'entretien est en cours, toutes les informations nécessaires à l'évaluation n'ont pas été recueillies. **Il faut absolument dissocier les deux temps : l'entretien, axé sur le recueil des informations, et l'évaluation qui suivra** et qui, du reste, demande une phase d'approfondissement en regard des critères.

On observe souvent une phase d'anxiété chez les interviewers débutants dans les premières minutes de l'entretien s'ils ne sont pas en mesure de se forger une attitude positive ou négative. **Toute l'expertise de l'interviewer consiste justement à parvenir à une maî-**

trise de la situation qui lui fasse abandonner pour l'heure tout jugement global ou définitif et qui garantisse l'écoute puis la re-formulation. Faute de quoi, on en revient au phénomène de halo qui transforme l'entretien en exercice de pêche aux arguments pour confirmer sa première impression positive ou négative.

Un certain nombre de managers prétendent encore qu'ils sont en mesure de savoir, après deux minutes d'entretien, si « ça colle ou pas » Sauf exception qui confirme la règle, on risque surtout de passer à côté de compétences ou de se laisser prendre par le coup de foudre.

Quant à l'attitude de compréhension, on la qualifie aussi d'attitude de neutralité bienveillante ou de re-formulation.

Le côté obligatoirement simpliste de l'exercice de Porter pourrait donner l'impression qu'une re-formulation en « perroquet », répétitive, est suffisante. Ce n'est évidemment pas le cas. La compréhension peut se manifester par un simple hochement de tête, un clignement des yeux, la position du corps. L'exercice se limite ici à l'analyse sémantique, mais le contexte dans un entretien complet, l'intonation de voix, la relation qui s'est développée avec l'interviewé sont évidemment ce qui donne leur signification aux interventions de l'interviewer. Il en va de l'entretien comme de la vie : la même remarque peut provoquer l'éclat de rire, les pleurs ou une sensation d'agression.

L'attitude de soutien est fréquemment utilisée lorsque l'interviewé s'avère particulièrement stressé à cause de la situation elle-même ou à cause d'événements qui ont précédé l'entretien. **Manifester sa sympathie est suffisant, mais il est inutile d'en rajouter.** Même si les événements que le candidat est conduit à expliciter sont dramatiques, il n'en attend pas moins que vous en reveniez au professionnel. Il a l'intention de voir la vie continuer. Lorsque les circonstances sont insupportables, il faut alors savoir proposer de reporter l'entretien, à plus forte raison pour les autres techniques d'évaluation. Selon les groupes en formation à l'entretien, nous observons qu'au départ, les professionnels des métiers à composante sociale ont tendance à manifester plus d'attitudes de soutien, les professionnels dans des fonctions opérationnelles, d'avantage de réponses de solution, les professionnels en situation hiérarchique élevée, souvent plus en évaluation, comme beaucoup de professeurs, et les apprentis psychologues, en interprétation. De l'utilité de l'entraînement quand on commence à mieux connaître ses propres tendances !

Il existe aussi une certaine pratique de l'entretien que l'on peut qualifier d'entretien « déstabilisateur ». Mais, outre quelques séquences courtes pendant un entretien en ce qui concerne certaines catégories professionnelles (commerciales ou à des niveaux hiérarchiques élevés) pour lesquelles on peut comprendre que la résistance ou le type de réaction sont à prendre en compte, l'entretien est déjà en lui-même suffisamment déstabilisant sans qu'il soit besoin d'en rajouter. Ce changement de rythme ou d'attitude paraîtra incohérent à l'interviewé et la « ficelle » est tellement grosse qu'elle est infantilisante pour les deux parties.

Le contexte est donc en revanche beaucoup plus propice à cette pratique si l'on est dans une simulation de poste, face à un client mécontent par exemple (voir le chapitre 7, sur les Assessment Centers). En effet, des interventions du style : « Vendez-moi ce cendrier » donnent des réactions d'une banalité affligeante sans qu'elles soient significatives de la compétence commerciale.

Le déroulement de l'entretien

Il s'agit de développer une liste de questions à poser ou de domaines à explorer pour évaluer les compétences retenues.

L'esprit de l'entretien

En retenant la supériorité des questions ouvertes et non directives sur les questions fermées et trop inductives, chaque interviewer aura intérêt à partir d'une définition des compétences et à établir les questions qu'il sera amené à poser pendant l'entretien... à moins que, de lui-même, l'interviewé n'ait abordé ces questions (voir p. 123 et suivantes le plan d'un entretien semi-directif).

Pour chaque poste et chaque entreprise, on arrive à une définition et une hiérarchisation qui, sans être diamétralement opposées, diffèrent

© Éditions d'Organisation

de façon significative… Et c'est fort heureux ! N'en déplaise à ceux qui ont rêvé trop longtemps que le candidat pourrait être dispensé de la phase d'évaluation par l'entreprise en se promenant d'une entreprise à l'autre avec son « carnet » de qualification et d'évaluations.

Exemples de questions à poser pour éclairer certaines compétences

La prise de décision

Définition possible : arrêter les solutions aux problèmes ; déterminer l'orientation des actions dans le respect de sa zone d'autonomie. La prise de décision s'observe en situation de choix entre plusieurs options. **La capacité à gérer une alternative sans avoir toujours le temps de maîtriser l'ensemble des paramètres est une de ses composantes les plus importantes.**

Questions

- Vous avez quitté cet employeur en 98. J'imagine que ça ne s'est pas décidé à la légère ?
- En fin de classe préparatoire, il fallait choisir entre les différentes possibilités pour vous. Comment avez-vous procédé ?
- Vous me disiez avoir dû réduire vos effectifs. Comment a été prise la décision ? Par qui ? Comment l'avez-vous mise en œuvre ?
- Il y a eu changement brutal de stratégie. De quelle façon y avez-vous contribué ?
- Entre une affectation possible à Paris et une affectation rapide à Londres, êtes-vous en mesure de décider maintenant ?

Motivation et stimulation de son équipe : le leadership

Définition possible : dynamiser un groupe, favoriser son activité de telle sorte que les buts fixés soient atteints, ce qui implique de **reconnaître les besoins de ses collaborateurs, de trouver et appliquer les stimulants permettant d'atteindre les objectifs à la satisfaction de tous.**

Questions

- Vous vous décrivez comme étant facilement leader dans une équipe. Donnez-moi quelques exemples.

- Quel est le style de votre leadership ? Donnez-m'en quelques illustrations.

- Quels objectifs aviez-vous donnés à votre équipe ? Comment l'avez-vous aidée à les atteindre ? Quel type de contrôle et de suivi avez-vous mis en place ?

- Vous indiquez dans votre CV avoir eu des responsabilités au bureau des élèves. Quelles étaient ces responsabilités ?

- Vous souhaitez changer de fonctions pour plus de responsabilités. Pouvez-vous expliciter ? Plus de responsabilités dans quels domaines ?

Chaque compétence retenue dans la phase de descriptif de poste et de profil peut aussi suivre le même schéma. Nous conseillons au lecteur, futur interviewer, de faire le listing d'une quinzaine de compétences clés et d'en donner une courte définition. Il établira lui-même ensuite la liste de questions types à poser et de domaines à explorer. Il se rappellera que les questions ouvertes valent mieux que les questions fermées. **Les questions seront orientées vers la recherche de comportements et de faits précis.**

Exemples de critères possibles

- mobilité géographique ;
- adaptabilité, souplesse ;
- autonomie, indépendance ;
- capacité à travailler en groupe ;
- curiosité d'esprit ;
- prise de recul ;
- imagination, créativité, originalité ;
- énergie, ressources, capacités de travail ;
- implication personnelle, engagement, sens des responsabilités.

Plan d'un entretien semi-directif

Plus on est entraîné et plus l'entretien aura l'air naturel et spontané, moins il y aura lieu de poser de questions spécifiques, la plupart d'entre elles seront spontanément abordées par l'interviewé.

Il faut rappeler néanmoins à la plupart des candidats la nécessité d'approfondir et de détailler.

Trop vite, certains candidats vous précisent qu'ils ne veulent pas vous faire perdre de temps ou qu'ils vont aller à l'essentiel. Il est utile dans ce cas de rappeler que vous êtes là pour écouter, que d'aller à l'essentiel n'exclut pas de rentrer dans certains détails.

Ainsi, des jeunes diplômés vous diront : « Après mon bac, j'ai fait cette école d'ingénieurs et, voilà, je suis en recherche de mon premier poste ». Ce n'est, bien évidemment, pas une information qui vous suffit. Dans ce cas, il est très utile de revenir sur le secondaire, sur l'âge au moment de passer le bac, les raisons du choix, l'influence ou non de la profession des parents ou de la fratrie, et pourtant – c'est vrai ! – ce ne sont pas les parents que l'on recrute. Veillez également à savoir si les examens ont été obtenus avec mention ou pas, les matières étaient-elles imposées ou non, certaines ont-elles été choisies, les stages étaient-ils fournis par l'école ou suite à des initiatives personnelles, etc.

Il peut même être utile de demander si les études secondaires se sont déroulées au même endroit ou si des déménagements fréquents ont eu lieu car tous ces événements, en apparence anodins, font souvent ressortir déjà des expériences d'expatriation précoce, des aspirations similaires, complémentaires ou contradictoires.

Avec de l'entraînement, ces différents domaines peuvent être abordés dans un ordre différent ; on peut même laisser l'interviewé choisir les séquences. Lorsqu'un thème a été suffisamment couvert, on doit inciter le candidat trop prolixe à aborder un autre sujet : « Vos responsabilités pendant cette période me paraissent très claires ; j'aimerais que l'on passe à votre mission actuelle. » Ou, encore : « Vous avez été tout à fait explicite sur le conflit qui a motivé votre départ, néanmoins il y a eu des réalisations intéressantes pendant ces cinq ans ; peut-on y revenir ? »

Voici le plan que nous vous suggérons de suivre, avec certains domaines à explorer et certaines questions à poser :

Parcours scolaire, universitaire et professionnel

* La fin du secondaire, les choix possibles à cette période, l'orientation, les redoublements, l'intégration dans le supérieur, les stages effectués, le milieu familial, son aide ou son influence, les activités extra-professionelles, les stages, les travaux d'étudiants ?
* Le service militaire : intérêt ou perte de temps ?
* Les emplois successifs : réalisations principales ?
* Les raisons de départ ?
* Les responsabilités actuelles ?

Atouts et lacunes

* Vos atouts essentiels par rapport à l'opportunité que nous vous avons présentée ?
* Les lacunes par rapport au descriptif du candidat idéal et les éléments qui les pallient ?

Motivations et salaire

* Votre rémunération actuelle ? Comment se décompose-t-elle ?
* Les avantages autres que la rémunération ?
* La fourchette de vos aspirations salariales ?
* Le statut envisagé si vous quittez le secteur public (détachement, congé pour convenance personnelle, démission) ?

Personnalité, style de fonctionnement, style d'encadrement

* Vos traits de personnalité les plus marquants ? Leur influence sur votre style d'encadrement ? Vos points d'amélioration ?
* Parlons maintenant de votre mode de fonctionnement : quelle image avez-vous dans votre entreprise, comment vous décrit-on, les atouts que l'on vous reconnaît, les critiques que l'on vous fait ? Qu'est-ce qui ressort de vos entretiens d'appréciation ?
* Vos progrès depuis votre première expérience d'encadrement ? Votre style de direction a-t-il changé ces dernières années ?

Centres d'intérêts

« En dehors de ce qui est strictement professionnel, quels sont vos centres d'intérêts dans la vie ? » Réaction type du candidat : « Vous voulez dire mes hobbies ? » Réponse possible de l'interviewer pour élargir : « Pas seulement vos hobbies… »

- Famille, équilibre entre profession et vie familiale.
- Rôle dans la cité.
- Responsabilités dans la profession, enseignement en parallèle.
- Double carrière (celle du conjoint est souvent un centre d'intérêt complémentaire pour l'autre).

Les valeurs

- Quelles sont les valeurs que vous aimeriez trouver chez votre futur employeur ?
- Quelles sont vos valeurs (en dehors de la religion et de la politique) ?

Points significatifs oubliés

- Il y a peut être des points significatifs dans votre parcours ou des compétences que je ne vous ai pas donné l'occasion de mettre en valeur ?

Séquences suivantes dans le processus du recrutement

Voici le calendrier pour la suite de votre candidature…

Les dix commandements du bon recruteur

Être prêt
Relisez le CV ; ayez-le sous les yeux pendant l'entretien ; ayez préparé les points à couvrir, les parties du CV qui paraissent peu claires.

Être bienveillant
Accueillez le candidat de façon bienveillante et toujours courtoise, respectez l'horaire, expliquez tout retard, assurez-vous que le candidat n'est pas gêné par votre retard si vous n'avez pu faire autrement. Indiquez clairement le temps dont vous disposez.

Être disponible
Ne prenez pas de communications téléphoniques ; veillez à choisir un lieu d'entretien calme. Toute exception doit être signalée à l'interviewé.

User de transparence
Précisez qui vous êtes et votre rôle dans le processus ; déclinez l'identité de l'entreprise ou, si tel est le cas, les raisons de la confidentialité et le moment où sera déclinée l'identité.

Être à l'écoute
Évitez de parler trop longuement de vous, ne coupez pas le candidat, sauf pour le recentrer (c'est à lui de s'exprimer) ; faites des synthèses successives et reformulez de temps à autre.

Éliminer les *a priori*
Ne tirez pas de conclusion à ce stade, enregistrez, ne manifestez pas d'accord ou de désaccord, n'essayez pas de convaincre, évaluez après l'entretien.

Être constructif
Valorisez les faits positifs, recherchez les compétences sans chercher à mettre le candidat en porte à faux, ne le déstabilisez pas.

Laisser le temps au temps
Donnez-vous le temps de la réflexion avant de vous engager définitivement. Ne donnez pas d'engagement formel tant que le processus du recrutement n'est pas complété (en revanche, indiquez clairement ce que sera la prochaine étape et une indication du délai).

Respecter la confidentialité
Il arrivera, surtout au candidat, de se trouver des points communs ou des relations communes avec vous : préciser que, pour autant, vous n'avez pas à informer ces personnes de sa candidature (il souhaite leur en parler, lui, c'est une autre affaire).

Donner une image positive de votre groupe
Positif ne veut pas dire irréaliste ; mais le candidat s'attend à ce que vous soyez vous-même suffisamment vendeur de votre entreprise. Les candidats qui vous intéressent auront généralement d'autres propositions. Et ceux que vous ne retiendrez pas sont aussi des « préconisateurs » potentiels de votre entreprise et de ses produits.

EN RÉSUMÉ

Les préalables à un bon entretien

- *Obtenir un bon dossier de candidature détaillé, en plus du CV.*
- *Approfondir ou écarter les candidatures en les jaugeant par rapport au profil établi (en pondérant les différents critères) et en les comparant entre eux.*
- *Convoquer et accueillir les candidats en usant de bon sens, courtoisie et rapidité.*
- *Avoir acquis au préalable les compétences qui permettent de mener à bien l'entretien et de prendre une bonne décision en ayant bien évalué le candidats :*
  - savoir écouter pour user d'une meilleure objectivité ;
  - être conscient de l'importance du premier contact visuel ;
  - être conscient que l'impression générale influence la perception analytique et prendre ainsi de la distance ;
  - lutter contre les stéréotypes ;
  - connaître son style spontané pour bien mener son entretien ;
  - utiliser les questions ouvertes ;
  - éviter les interventions d'évaluation ;
  - éviter les interprétations précoces en dissociant le temps de l'entretien et celui de l'évaluation.
- *Mener un entretien semi-directif :*
  - en développant une liste de questions à poser, orientées vers la recherche des comportements et des faits précis ;
  - en développant une liste de domaines à explorer pour évaluer les compétences retenues.
- *Respecter les dix commandements du bon recruteur.*

L'HISTOIRE D'UN RECRUTEMENT

Le DRH fait le tri des CV en fonction des critères principaux :

1. Candidats diplômés en gestion.
2. Candidats ayant une expérience professionnelle de huit ans et plus.
3. Candidats ayant une expérience de l'encadrement d'équipe.
4. Candidats ayant une expérience du milieu PME.

Le DRH retient 13 CV et le PDG confirme son intérêt pour les parcours qu'ils décrivent.

Le DRH décide de joindre par téléphone ces 13 candidats. Il en joint deux directement le soir à leur domicile. Les autres font l'objet d'un message sur répondeur.

Attention ! Le DRH s'interdit de laisser un message à l'entreprise actuelle des candidats : discrétion et confidentialité obligent.

Rendez-vous est donc pris.

Voici les CV des 13 candidats.

ANGERAND Mathieu
Né le 20.02.1960, marié, 2 enfants
31 rue du Bois
78620 L'ÉTANG LA VILLE
01 51 83 17 12 (dom.)
01 76 12 18 15 (bur.)
e.mail : mathangerand@evan.com

DIRECTEUR FINANCIER

EXPÉRIENCE PROFESSIONNELLE

LECART   Mai 1997 à ce jour
(Instrumentation, CA consolidé : 3,5 milliards de francs)
LECART est la société mère du groupe PHENAN (fabrication d'appareils
d'optique). Les unités de production se situent en France et en Angleterre.
La distribution est assurée par les filiales Américaines, allemandes, italiennes, espagnoles et australiennes (CA consolidé 550 MF, 600 personnes).

Directeur financier du groupe :
   Supervision de la comptabilité générale et analytique du groupe
   Internalisation de la consolidation du groupe et de la liasse fiscale
   Mise en place du budget groupe, du contrôle de gestion et du repor-
   ting à la maison mère Australienne.
   Gestion de trésorerie
   Participation à la réorganisation juridique du groupe

ALTENOR (groupe immobilier)   juin 1991-Mai 1997

Division grands projets et résidences loisirs (CA consolidé 340 millions
de francs, 700 personnes)

Responsable du contrôle de gestion de ces deux divisions
   Supervision de la comptabilité générale et analytique (8 personnes)
   Préparation et analyse des budgets et des reporting mensuels
   Gestion des risques juridiques contractuels et fiscaux (TVA, Taxe,
   professionnelle…).

PETROLEUM-SERVICES   Février 1989-Mai 1991

Division Ingénieries (2 milliards de francs, 2000 personnes)

Contrôleur de gestion industriel :
Suivi et transmission des prévisions de résultats (mensuels et annuels)
Consolidation des budgets d'exploitation, d'investissements et des coûts de siège pour 8 services opérationnels.
Conduite de projets dans le domaine technologique (CA 235 MF)
Assistance aux ingénieurs dans les domaines juridiques, comptable et contractuels.

GROUPE TRANSPORT-SERVICE EUDAIR janvier 1986-Novembre 1988

(CA = 16 milliards de francs, 11 000 personnes)

Responsable de missions d'Audit comptable et opération-nel en France et à l'étranger (pays Européens et Amérique Latine)
Audit de filiales (comptabilité, personnel, trésorerie, achat, produc-tion, gestion de stocks…)

FORMATION

1983 : **ÉCOLE DE COMMERCE DE PARIS** (section financière)

1985 : maîtrise de Sciences Économiques Paris

1995 : diplômé du DEFC (diplôme d'Études Financières et Comptables)

1996 : formation sur les comptabilités étrangères et les référentiels inter-nationaux

LANGUES et Pratique INFORMATIQUE

Anglais et Espagnol
Pratique régulière de la Micro informatique (tableur Excel, traitement de texte Word et bases de données Access et Paradox)

© Éditions d'Organisation

Jean-Noël ARDOUIN
5, avenue Valembois
93160 Noisy le Grand
Tél. : 01 49 51 03 10
Portable : 06 27 38 26 21
E.mail : jnardouin@ifrance.com
36 ans

| CONTRÔLE DE GESTION |

EXPÉRIENCE PROFESSIONNELLE

Depuis **Groupe agro-alimentaire LEDORAIT**
01/1994 (2000 pers. – CA : 4 milliards de francs)
ALDOR (filiale de production et négoce en produits diététiques)

Contrôleur de Gestion et Budgétaire

<u>Domaine</u> : usines de production/conditionnement
(200 pers. – total géré : 500 MF. – 3 entités)
<u>Responsabilités en tant que Contrôleur Budgétaire</u> :
- animer et être force de proposition d'amélioration sur le processus budgétaire (budget commercial et frais généraux),
- élaborer le budget et ses entités,
- suivre les écarts et en présenter le reporting correspondant à la DG.
<u>Responsabilités en tant que Contrôleur de Gestion</u> :
- participer de façon significative à l'établissement et la cohérence des reportings intermédiaires et annuels avec la passation des écritures nécessaires,
- effectuer et suivre les refacturations intra-group avec la rédaction des conventions,
- consolider le résultat de gestion,
- établir et analyser le processus de formation des coûts de revient,
- créer et suivre des statistiques de production et de ventes,
- rédiger des procédures,
- paramétrer certains modules de progiciels lors du renouvellement complet du système d'informations (GPAO, comptabilité, paie – Chef de Projet, et immobilisations),
- être responsable et étudier les contrats Services Généraux avec propositions à la DG ou négociations directes avec les fournisseurs

1990-1994 **ALTANIL France** – (parmi les 15 premiers groupes pharmaceutiques mondiaux)

Contrôleur de Gestion Usine

<u>Domaine</u> : usine de production (100 pers. 120 références
<u>Responsabilités</u> :
- établir, contrôler et suivre le budget de fonctionnement de l'usine,
- mettre en place les clés de répartition adéquates,
- déterminer les coûts de production
- établir le reporting auprès du contrôleur de gestion division France,
- mettre en place des tableaux de bord usine,
- paramétrer et mettre en place un logiciel provenant de la société mère pour suivre les temps de conditionnement,
- être garant des procédures de la division et du Groupe.

1970-1990   **Groupe papetier**

Assistant du Controller Division (3 divisions)
Domaine :   environnement anglo-saxon
                        Zone géographique : Europe
                        5 usines de production
                        1 500 personnes
Responsabilités :
- consolider et établir le reporting mensuel de 8 entités françaises et étrangères pour transmissions directe à la maison mère aux USA,
- contrôler la cohérence des données fournies par les unités de production,
- respecter les procédures rédigées en anglais,
- élaborer les états de contrôle budgétaires, financiers, comptables et fiscaux pour la comptabilité française et les états de gestion en présentation anglo-saxonne,
- responsable comptable et budgétaire de la direction fonctionnelle de cette division (7 personnes).

FORMATION
1991   Bac C
1987   ESC de Reims (option gestion/finance)
1982   MBA en Angleterre (9 mois)

LANGUES
Anglais courant
Russe (notions scolaires)

DIVERS
Pratique courante de la micro-informatique
Marié – 2 enfants
Épouse : Juriste d'entreprise

Jean ARIENCOURT   tel. Personnel : 01 43 12 40 56
10 rue du Professeur Arthus   Portable : 06 71 23 28 31
93160 Noisy le Grand   e.mail : **parien@hotmail.com**
45 ans – Marié (4 enfants de 14 à 20 ans)

EXPÉRIENCES PROFESSIONNELLES

depuis juin 1993 - Directeur Financier de la société CALONAR
J'assume les responsabilités : comptabilité (2 personnes), administration du personnel
(I personne), contrôle de gestion, trésorerie, gestion des assurances et des questions
juridiques.
CALONAR est une entreprise industrielle (2 sites -50 salariés), filiale du groupe TOLIDOR
(I milliard de CA dans les secteurs alimentaires). Elle réalise 50 millions de Francs de chiffre
d'affaires dans la production de biscuits apéritifs haut de gamme.

de juin 1989 à juin 1993. audit et expertise comptable
- l'audit, au sein du cabinet français présent sur tout l'hexagone ALVIN &
BERAULT (à partir de juin 1990), où j'ai effectué divers les types de missions : audit légal, audit contractuel, et consolidation, dans des secteurs
variés d'activités, dont essentiellement pour des PME arts de la table et
clubs sportifs.
- l'expertise comptable, au sein d'un petit cabinet à Rouen (septembre 1989 à juin 1990), où j'ai acquis les bases comptables.

FORMATIONS

DES CF (diplôme d'études supérieures comptables et financières), 1990 Paris
DESS Finance d'entreprise (3° cycle universitaire), 1989 Paris Sorbonne
Maîtrise de gestion (2° cycle universitaire), 1988 Paris Sorbonne
D UT de Gestion (I ° cycle universitaire), 1986 IUT St Denis
BAC série G, 1984 La Celle St Cloud

DIVERS

Langues étrangères : Anglais
situation familiale : vie maritale, sans enfants
salaire actuel annuel : 390 kF

Adeline BEROIT
35, rue Velnan
77410 FRESNES SUR MARNE

Tél. personnel : 01 45 78 39 36
Née le 15.08.66- âge : 34 ans - Mariée ; un enfant

FORMATION

1985-88 : Diplômée de l'École Supérieure de Commerce de Reins

EXPÉRIENCE PROFESSIONNELLE

1994-99 : DIRECTEUR FINANCIER – Société VIDEO GAMES (société indépendante)

Groupe de deux sociétés en forte croissance (CA en MF : 1994 : 30, 1995 : 67, 1996 : 140, budget 99 : 200).
Activité vente par Correspondance de Vidéo Games (Val de Marne - 94)

*   Remise à niveau de la comptabilité générale et tenue fiscale des sociétés ; arrêtés périodiques et annuels, suivi budgétaire, reporting groupe.
*   Mise en place d'une comptabilité analytique par catalogue, procédures et contrôle de gestion.
*   Création et mise en place d'un outil de gestion de trésorerie et d'un logiciel de rapprochement bancaire : Gestion de 13 comptes bancaires, d'une trésorerie liée à l'activité saisonnière (situation alternante d'emprunteur et de placeur). Interlocuteur des banquiers.
*   Formation et Supervision de trois assistantes ; Interlocuteur des tiers : Actionnaires (banques d'affaires), sociétés d'assurance crédit, administration…

1984 -94 : PHILIPS AND BARTLEY - DIRECTEUR DE MISSION

Organisation des missions, supervision des collaborateurs et réalisation des travaux d'audit et de commissariat.
*   Audit des reportings anglo-saxons et audit d'acquisition
*   Assistance comptable : clôture de sociétés de groupe et opérations de fusion et de restructuration de sociétés.
*   Audit des   * royalties et droits divers (comptable et juridique)
                  * stocks
                  * du personnel

1986-1987 : STAGES Stage de gestion des stocks chez un gros concessionnaire - 3 mois (Espagne)
                  Stage au service «risque pays » dans une banque - 2 mois (siège Paris)
                  Stage marketing chez Publicité Réal - 3 mois

DIVERS :   DECF complet
                  Informatique : Maîtrise des logiciels SAARI, EXCEL et WORD

LANGUES :
Anglais : Lu, écrit, parlé
Espagnol : Lu, parlé

```
┌─────────────────────────────────────┐
│        PROJET PROFESSIONNEL          │
└─────────────────────────────────────┘
```

Élargir mes compétences financières

Loïc CARDEL

53, rue de Milcourt   Tél. domicile : 01 44 12 27 – Portable : 06 64 04 41 62
94 110 St MAURICE   Marié – 3 enfants

EXPÉRIENCE PROFESSIONNELLE

Depuis 1999 : Responsable Administratif et Financier, membre du Comité de Direction, Groupe KRIS (CA 300 MF, 350 personnes, 3 sociétés dont une filiale aux USA, Fabricant de mannequins et postiches).

Domaines de responsabilité au niveau du groupe et de ses filiales :

- Trésorerie

- Supervision de la comptabilité usine

- Contrôle de gestion et comptabilité analytique

- Informatique

Actions majeures menées :

- Développement d'un outil de prévision de trésorerie

- Obtention d'une avance remboursable de la DRIRE et mise en place d'un dossier d'Assurance. Prospection avec la COFACE

- Refonte en cours des outils de contrôle de gestion : prix de revient, budget et contrôle budgétaire, analyse de l'écart industriel

- Simplification de la comptabilité analytique

- Audit du processus de vente et récupération de 1,50 MF de CA non facturé aux clients

- Pilotage du projet de passage à l'an 2000

1996-1999 : Responsable Contrôle de Gestion / Comptabilité des 2 usines, membre du Comité de Direction

WISCONSIN CHEMICAL France (CA 550 MF, 350 personnes, 2 usines fabricant des additifs pour polymères) Encadrement d'une équipe de 6 personnes et coordination des activités :

- Comptabilité fournisseurs

- Comptabilité générale usines

- Gestion des immobilisations

- Contrôle de gestion industriel

Actions majeures menées :

- Refonte complète des outils de contrôle de gestion : prix de revient, budget et contrôle budgétaire, analyse de l'écart industriel

- Mise en place en tant que Chef Projet d'un nouveau système de gestion (achats, ventes, logistique et comptabilité) en 2 mois

- Réorganisation du service comptable : simplifications analytiques, mise en place de procédures et modes opératoires, simplifications et clarification du travail comptable

- Réduction des délais d'arrêté mensuel : production du résultat le 4e jour ouvré (20 auparavant)

- Introduction de nouvelles approches de gestion.

135

1992 – 1996 : Consultant Senior, MARTEL & Associés – Paris 8ᵉ

> Réalisation de missions en contrôle de gestion dans l'industrie et les services :
> - Élaboration et mise en place de systèmes de gestion : prix de revient, budget, tableaux de bord, gestion des investissements
> - Mise en œuvre d'outils d'aide à l'amélioration des performances
> Participation active, au sein du Cabinet, à la capitalisation dans le domaine du contrôle de gestion et de la formation, ainsi qu'au recrutement de jeunes consultants.
> Développement commercial du Cabinet : organisation de manifestations, prospection et ventes de missions. Forte clientèle PME.

1988 – 1992 : Contrôleur de Gestion – Secteur cosmétiques (CA 2 MF, 2 700 personnes, 60 centres de profit)

> Encadrement de 2 personnes pour la réalisation des fonctions classiques du contrôle d gestion : élaboration et suivi du budget, tableaux de bord.
> Développement de nouveaux outils de gestion en agence et pour la Holding.
> Réalisation d'études pour la Direction Générale : économie de 15 MF (5 %) sur les coûts de sous-traitance.

FORMATION

1987 :	Maîtrise des Sciences de Gestion – Rouen
1985 :	DUT informatique – Rouen
1984 :	DUT Gestion des Entreprises et des Administrations (option Finance-Comptabilité) Rouen

DIVERS

36 ans	
Langues :	Anglais professionnel
Loisirs :	Bricolage et arts martiaux, ski

Laurent CEDARE
44 rue Rimane
10120 LANDOIS
Tél. : 03 30 75 90 80

40 ans, né le 25 octobre 1959
Marié, 2 enfants

CONTRÔLEUR DE GESTION GROUPE
Souhaitant évoluer vers le poste de :

DIRECTEUR DE GESTION

EXPÉRIENCE PROFESSIONNELLE

**Du 15 décembre 1995 à ce jour : Groupe ANTONE (CA 20 milliards FF ;
2 500 personnes)**
Activité de l'entreprise : Agroalimentaire (Collecte et négoce international de céréales ; Agro-
industries)
>Fonction : **Contrôleur de Gestion Groupe**
>Missions principales :
>→ Participation à la définition de la stratégie du Groupe et plus particulièrement des
>activités dont j'assure le suivi en apportant les données de gestion nécessaires.
>→ Force de proposition et de stimulation pour ces activités.
>→ Élaboration, arbitrage et consolidation des budgets et plans.
>→ Reporting, développement et mise au point de tableaux de bord.
>→ Contrôle des filiales.
>→ Définition et mise au point des méthodes, outils et procédures de gestion.
>→ formation des utilisateurs à la gestion.
>Missions particulières :
>→ "Monsieur EURO" du Groupe.
>→ Membre de l'équipe-projet de mise en place d'un nouveau progiciel.

**Du 1er février 1990 au 1er décembre 1995 : Groupe MARSANAE (CA 13 milliards FF ;
1 500 personnes) - Établissement d'Antoir (CA 300 MF ; 300 personnes)**
Activité de l'entreprise : fabrication de sièges et mobiliers.
>Fonction : **Contrôleur de gestion**
>Missions principales :
>→ Élaboration et suivi de budgets ; suivi de performances et des objectifs.
>→ Établissement des résultats par activités ; reporting.
>→ Maîtrise et validation des prix de revient.
>→ Validation après étude de rentabilité des investissements et des coûts indirects.
>→ Contrôleur de Gestion "pilote" du métier couture au niveau Groupe.
>→ Proposition de plans d'action.
>→ Élaboration des plans de charge ; assistance et contrôle des tous les services.
>→ Participation au groupe d'étude de mise en place au niveau Groupe de la métho-
>de ABC sur les prix de revient et les tableaux de bord opérationnels.
>→ Responsable de la comptabilité générale et analytique du site.
>→ Organisation et contrôle des inventaires.
>→ Responsable de la mise en place de la GPAO du site.
>→ Responsable de la logistique interne du site (flux et magasins).
>→ Correspondant informatique du site.

Du 13 novembre 1987 au 15 janvier 1990 : VANCLIN. Mayenne (53)
Activité de l'entreprise : fabrication de petit électroménager spécialisé.

Fonction : **Responsable Administratif**
Missions principales :
→ Comptabilité générale jusqu'au bilan inclus.
→ Mise en place d'une comptabilité analytique.
→ Gestion financière (trésorerie, négociation des taux et conditions, financement à l'export, contentieux clients).
→ Gestion du personnel (paie, administration, formation).

Du 1ᵉʳ mai 1986 au 1ᵉʳ novembre 1987 : Conseil en Gestion à titre indépendant à Laval (53).

Du 15 septembre 1985 au 15 avril 1986 : SERVICE TRANS-NORD à Laval (53)
Activité de l'entreprise : transports et affrètements routiers

Fonction : **Comptable**
Mission : Mise en place du système administratif, du système comptable et du contrôle de gestion.

Du 20 décembre 1977 au 15 août 1984 : MAURICE TRANSPORTS au Mans (72).
Activité de l'entreprise : transports et affrètements routiers.

Fonction : **Comptable**
Mission : Mise en place du système comptable (employé à temps partiel dès la création de l'entreprise, durant mes études, puis à temps complet début 1984).

FORMATION

ÉTUDES :

1984 : MAÎTRISE ES SCIENCES ÉCONOMIQUES option économie d'entreprise à la faculté de Rennes.

1983 : LICENCE ES SCIENCES ÉCONOMIQUES option économie d'entreprise à la faculté de Rennes.

1980 : DUT GESTION DES ENTREPRISES option finances comptabilité à l'IUT du Mans.

1986 : DEUG DE SOCIOLOGIE à la faculté de Rennes.

ACTIVITÉS EXTRA PROFESSIONNELLES :

• **Golf**
• **Basket Ball**
• **Échecs.**

De la présélection des candidatures à l'entretien

Édith CHABRIAT
13, avenue de Paris – 93 200 Gagny
Tél. : 01 43 90 29 32 - e.mail : editcha@fr.ledaril.dla
36 ans, française, mariée, 2 enfants

8 ans en Audit

5 ans en Contrôle de Gestion

EXPÉRIENCES PROFESSIONNELLES

1996-1999 : COSMÉTIQUES ITEL-FRANCA
> *Responsable du Contrôle de gestion,* rattachée hiérarchiquement au PDG, en cll3rge du :
> Contrôle de gestion avec :
>> La consolidation, le suivi, et la gestion budgétaire ainsi que l'établissement des liasses de reporting Groupe
>> Le suivi et la gestion des stocks (dont supervision de l'inventaire)
>> La gestion et l'optimisation des achats (dont parc automobile de la société)
> De la supervision de la comptabilité et de l'établissement et/ou le contrôle des documents légaux (Liasse fiscale, Annexe, Rapport de gestion, Conseils d'Administration, Déclarations spécifiques...)
> Développement de systèmes d'information et de la réalisation d'études (dont acquisitions et ventes externes)

1993-1997 : ELTIOR – Groupe agro-alimentaire
> *Contrôleur de gestion* de la *Recherche,* des *Congrès* et de l'*Informatique* en charge de :
>> La consolidation budgétaire et du suivi de ces 3 budgets
>> La conception et de la mise en œuvre de systèmes d'information pour la Recherche
>> La définition et la mise en place d ' outils d'aide à la décision (tableaux de bord)
>> La réalisation d'audits et d'études (gestion de portefeuille, gestion de parc bureau-tique…)

1988-1993 : LTA Audit Paris
> *Chargée de mission* ayant réalisé des :
>> *Missions de commissariat aux comptes, d'acquisition, d'évaluation ou de liquidation* de sociétés industrielles et de services, de banques et de compagnies d'assurance *Missions d'assistance comptable et financière* : Intérim d'une direction financière ; Aide au démarrage d'une PME ; Établissement de reportings mensuels en format US et UK ; Élaboration et mise en place d'une méthode de valorisation de stock ; Consolidation de comptes…
>> …et encadrement de 8 personnes sur plusieurs mois
> *Rédactrice du journal interne LTA tiré à 7 000 exemplaires*

Été 1991 : LTA Audit à Djakarta (Indonésie)
> Participation à la saison d'audit australienne
1987-1988 : PELVEAU FRANCE (Audit externe)
1987-1988 : PELLANCHON & PARTNERS (Audit externe)

FORMATION

1993 : DECF - 1987 : Diplôme de l'ESCAE de Nantes (Option Finances)

LANGUES : Anglais Bilingue, Espagnol Courant, Indonésien

INFORMATIQUE : Environnements PC et MAC ; Systèmes d'exploitation CICS, VM, TSO ; Internet

VIOLON D'INGRES : Musique (piano) et danses folkloriques basques

Jean-Pierre DEMSAILLE
27, rue des Écoles
94130 Nogent sur Marne
Jean-Pierre. dems@liberty surf. com

Contrôleur de Gestion

1999	PATI-FRESCA (CA : 400 MI1) - Filiale du Groupe PATELCANTE (Groupe Italien)

Responsable du service contrôle de gestion : encadrement de 3 personnes
. Planification, animation des processus de budget, de prévisions révisées et de reporting
. Chargé d'études stratégiques pour la Direction Générale (optimisation des gammes de produits, mise en place d'une procédure d'introduction de nouveaux produits, rentabilité des actions publi-promotionnelles, réorganisation industrielle avec fermetures de sites)
. Contrôle des investissements relatifs à la création d'une nouvelle usine (100 MF)
Mise en place du module de prix de revient industriel.

Contrôleur de gestion commercial
. Refonte du tableau de bord commercial pour la zone France : Espagne, Portugal
. Mise en place du tableau de bord logistique et des indicateurs clés
. Suivi des conditions commerciales avec la Grande Distribution

1993-1998	Cafétaria ONDULANE

Successivement responsable de la gestion de quatre centres de profit dont deux créations :
. Management d'une équipe de 120 personnes, recrutement, formation
. Analyse et pilotage du compte de résultat, benchmarking interne, mise en place de plans d'actions correctrices, audit opérationnel (stocks, encaissement, sécurité, qualité, propreté)
. Gestion des achats et optimisation du niveau de stocks, négociation de prestations

1991-1992	École de commerce – Grande ville de province

Contrôleur budgétaire
. Élaboration des budgets des contrats de recherche, du suivi des engagements de dépenses.
. Automatisation de la gestion budgétaire, reporting auprès du Ministère de tutelle

FORMATION :

DEA de Contrôle de Gestion (1992) - Université de Lyon II
Maîtrise de Gestion (1991) – Lyon II
- Informatique : Excel, Access, Word, ERP Movex (AS 400), Safran
- Anglais : lu, écrit, parlé

DIVERS :

33 ans, marié, 3 enfants, rugby, voyages, Service Militaire dans la Marine Nationale

Jacky LELONG
36, rue St Maur
75011 Paris
Tél. : 01 45 52 23 63

35 ans, marié, 3 enfants
Dégagé des obligations militaires

EXPÉRIENCES _____

Depuis **Groupe ELECTRON-ARES**
Février 1998 Contrôleur de Gestion. Encadrement de 3 personnes.
Contrôleur de la société CARTEL, CA 2 MF. Société filiale à 100 % du groupe
. Garant des procédures et de l'information financière
. Détermination de la marge globale, par projet, par client et par centre de profit
. Maîtrise des évolutions
. Contrôleur de 3 business Units
. Mise en place pour les opérationnels d'outils d'aide à la décision

Avril 1997 **Société LOREAC** (PME 60 personnes) CA 30 MF. Secteur alimentaire
Février 1998 Directeur Administratif et Financier
. Prise en charge de la gestion de l'entreprise
. Projet de création d'une entreprise "Pack-Futur" dont l'activité est le packaging de produits de luxe dans l'alimentaire

Août 1997 **VOLNEY SA** (Groupe CRAINAN) CA 800 MF, 1 200 personnes.
Mars 1998 Contrôleur de Gestion Commercial et Logistique. Encadrement de 4 collaborateurs
. Élaboration du budget annuel
. Reporting commercial mensuel. Analyse des résultats par activités, par famille de produits, par clients etc.
. Reporting logistique. Répartition entre la logistique propre et sous traité
. Études et analyses pour le Comité de Direction. Étude sur les prix et marge par produit, de la concurrence, des réductions de gamme etc.

Janvier 1992 **Groupe Équipementier Hôtelier**. CA 1 MF, 2 300 personnes.
Juin 1996 Contrôleur de Gestion/Analyste Financier. Nice/Paris. Encadrement de 2 personnes.
. Élaboration du budget annuel
. Reporting mensuel auprès de la Direction de la filiale française et de la maison mère
. Élaboration d'outils de suivi des coûts et création de modèles d'analyse
. Analyse des résultats
. Audit des problèmes et élaboration d'hypothèses d'action pour la Direction Générale
. Études ponctuelles de rentabilité par fonction
. Membre du Comité Prix et Concurrence
. Analyse de rentabilité financière de clients existants ou potentiels
. Participation à la décision concernant la tarification des grands comptes
. Support à la force de vente. Formation des commerciaux aux questions budgétaires

EXP
FORMATION _____
1988 - MSG (Maîtrise de Sciences de Gestion), option Finance, Université de Bordeaux
1987 – DEUG de Sciences Économiques, Université de Bordeaux

CONNAISSANCES _____
Langues   Anglais : courant. Italien : notions

Informatique SAPR/3, Excel. Access

141

Jacques LOREY   44 ans - Marié 1 enfant
20, avenue St Marc   Tél. : 04 60 43 25
69160 Tassin la demi-lune   Fax : 04 60 43 03 10
E-m@il : { lienhypertexte mailto :jacques.lorey@wanadoo.fr }

Formation

JUIN 1980 :   Diplômé ESCAE Nantes, Option Finances comptabilité, DECS
JUIN 1973 :   Baccalauréat série C.
Langues :   Anglais : Professionnel Allemand : Bases solides Espagnol : Moyen
Micro-Informatique : Plates-formes : Dos-Windows 3.xx, 95, NT4 et MAC. MS Pack Office.

Expériences Professionnelles

Novembre 1998 à mai 2000 - Contrôleur de Gestion   **Société CALTALAIT**
Mission : Au service d'un Groupe Agroalimentaire (6 sociétés, CA 300 MF) Mettre en place les outils de Gestion et la formation pour faire face à des enjeux majeurs : croissance rapide du chiffre d'affaires, introduction en Bourse.
Assister le directeur financier pour les arrêtés mensuels & annuels, la Consolidation. Refonte des tableaux de gestion.
Réalisation : Déploiement d'outils de Gestion Intranet/Internet avec contrainte d'applications hétérogènes. Application 35 heures.

Septembre 1934 à septembre 1998 - Consultant en Informatique de Gestion   **France & Suisse**
Mission : Sous statut salarié puis indépendant, Formation, Conseil et Déploiement de Solution de Gestion autour des logiciels. Marché : PME/PMI., Industrie, Négoce, Service, Fondation, Groupement Professionnel
Compétences acquises : Fonctionnalités avancées des logiciels, Liens bureautiques, passerelles vers applications spécifiques. Réalisation : Plus de 100 sites installés. Conception et animation pour le compte de l'éditeur Sage de modules techniques de formation "Métiers" destinées aux techniciens. Animation de sessions de qualification/agrément distributeurs.

Février 1985 à août 1993   **HOME-DECOROR 6 Groupe PALARIN**
Janvier 1989- août 1993- Directeur de filiale - Nouméa
Mission : Installer une structure administrative informatisée et définir une politique commerciale aux normes de l'enseigne. Première ouverture à l'international de la société, ce poste était un enjeu important qui a permis de valider les atouts et aussi
les limites à l'exportation d'un concept commercial hexagonal. CA : 30 MFF, Effectif 30 p.
Réalisation : Adaptation réussie et installation durable d'une enseigne, d'une équipe et d'une organisation informatique intégrée dans un contexte autonome (sur sites). Out-sourcing à partir des marchés asiatiques.

Janvier 1987- décembre 1988 – Responsable Administratif - Paris-Normandie
Mission : Seconder le Directeur exécutif de la région. Contrôle de gestion opérationnel des unités : 20 centres de profit, 900 personnes, CA > 2 milliards FF. Négociation, analyse et suivi des Budgets. Mesures correctives. Élaboration de tableaux de gestion pour préparer la prise de décision. Animation et gestion directe des équipes administratives
Réalisation : Cohérences des structures administratives et des grilles de rémunérations des magasins. Réduction sensible des délais et contenu du reporting. Mise en place de pépinières de formation des équipes administratives et commerciales.

Janvier 1983- décembre 1986 - Auditeur Interne - Paris et Sud
Mission : Contrôle comptable, financier et social des magasins. Audit de Ces et acquisition. Assistance aux équipes et formation des équipes comptables. Harmonisation et adaptation des procédures. Co-commissariat aux comptes.
Réalisation : Bible de procédure Magasins et Siège, Optimisation fiscale (TV A et Taxe Professionnelle), Analyse, rédaction et validation de la refonte du système comptable puis informatique actuellement en place.

Août 1981- septembre 1983   **GIE d'Assurances**
Internationales Transport - Valence Mission : Comptabilité générale et Gestion de la Trésorerie multi-devises. Élaboration des financiers et statistiques. Réalisation : Informatisation de la comptabilité générale et de la paie, apurement des litiges courtiers.

Janvier à juillet 1980 - Chargé de mission   **ALIENOR - Montréal**
Centres d'intérêts : Histoire. Économie et politique – Sports pratiqués : Randonnée, tennis. Arts martiaux (pendant 10 ans)

142

CURRICULUM VITAE

Jacques MONTOIS
21, rue de Mance
91310 MARDELS
Tel : 01 63 40 55 21
E-Mail : jmmontois@aol.com
Portable : 06 62 332 024
Né le 15.08.1961. 39 ans
Marié, 3 enfants

EXPÉRIENCE PROFESSIONNELLE
Sté VALKER FRANCE - Groupe Hollandais
(Matériel médical) C A : 250 MF -150 personnes

Depuis mai 1997 DIRECTEUR ADMINISTRATIF ET FINANCIER

> Responsabilité et animation d'un service de 7 personnes couvrant les domaines de la comptabilité générale, de la trésorerie, du contrôle de gestion, du reporting et des services généraux.

Principales réalisations :

> Intégration partielle de 2 nouvelles sociétés. CA passant de 150 à 190 MF
> Fusion absorption de trois sociétés pour créer VALKER France
> Mise en place d'un système de reporting mensuel aux normes de la maison mère par Business Unit Réduction du délai de production du reporting complet à J +6
> Refonte des logiciels de comptabilité et de gestion commerciale
> Déménagement et restructuration des services administratifs sur le siège social - fermeture d'agences Harmonisation des procédures, des logiciels et automatisation de tâches
> Réduction des stocks et des en-cours clients
> Participation à la mise en place du projet 35 heures

MEDAK FRANCE & PONANT SA - Groupe Allemand (Fabrication d'appareils de chauffage) C A : 90 MF- 135 personnes

Mai 1996 – mai 1997   DIRECTEUR ADMINISTRATIF ET FINANCIER
Responsabilité et animation d'un service de 7 personnes couvrant les domaines :
> - de la comptabilité générale, la trésorerie, du contrôle de gestion & du reporting
> - de l'informatique
> - du personnel

Sté ABAL & MELINE FRANCE - Groupe Suisse (Fabricant d'emballage de luxe : parfums) C A : 100 MF - 90 personnes

Juin 1991 – mai 1996   RESPONSABLE ADMINISTRATIF ET FINANCIER
Responsabilité et animation d'un service de 9 personnes couvrant les domaines :
> - de la comptabilité générale, la trésorerie, du contrôle de gestion & du reporting
> - de l'administration des ventes
> - des services généraux

Sté MANLAY SA - Groupe Américain
(Fabrication et commercialisation de biscuits)
C A : 1 700 MF - 2 400 personnes

Décembre 1989 - mai 1991 <u>CONTRÔLEUR DE GESTION</u> du dépt "Professionnels"
C A : 350 MF -450 personnes - 220 références

       - Animation d'une équipe de 4 personnes
       Création de la fonction et du service
       - Élaboration et animation des budgets annuels, des révisions, du plan stratégique
       - Reporting mensuel de type anglo-saxon vers le groupe
       - Tenue de la comptabilité hors usine

Juin 1987 - décembre 1989 <u>CONTRÔLEUR BUDGÉTAIRE</u> des Fonctions Groupe
Budget de fonctionnement : 170 MF -260 personnes
       - Animation d'une équipe de 5 personnes
       - Tenue de la comptabilité
       Contrôle budgétaire mensuel par directions
       - Formateur dans le cadre d'un projet de qualité totale
       Février 1986 – juin 1987 CHEF DU SERVICE DES IMMOBILISATIONS
       - Animation d'une équipe de 4 personnes

BANQUE MARCH - Paris
(Activité bancaire)

Juillet 1984 - décembre 1984 <u>RÉDACTEUR</u> au Service des Engagements

FORMATION

- Anglais : Chambre de Commerce Britanniques 1994
- Cesa Contrôle de gestion Centre HEC-ISA 1990
- Maîtrise es sciences économiques Paris ASSAS 1984
- Bac D École Sainte Beuve en Alais (94) 1980

CENTRES D'INTÉRÊT

SPORT :
- Moniteur de voile
- Trésorier du club de voile de Sceaux pendant 4 ans (250 adhérents)
- Trésorier section voile corporative société MANLEY pendant 4 ans

AUTRES :
- Peinture et voyages

De la présélection des candidatures à l'entretien

Arnaud VALRIN
55, rue des Gêneurs
94300 Vincennes

Tel. :   **01 58 60 95 30**
          06 21 32 40 16

ÉTAT CIVIL

Né le 2 juillet 1962 38 ans
Marié, 2 enfants

FORMATION

• Dirigeant de PME, Institut Français de Gestion à Lyon (cycle IFG) d'octobre 1998 à juillet 1999
• Institut de Formation aux Affaires et à la Gestion (IFAG) à Lyon, diplômé en 1986 Spécialisation : Contrôle de Gestion

ACTIVITÉS PROFESSIONNELLES

Directeur de Filiale, Société RENUE (abattoir de Volailles), Groupe BARNAUD depuis octobre 1999
• Réorganisation puis développement commercial de l'entreprise :
    * Encadrement de la force de vente et mise en place d'un plan d'action commercial par secteur d'activité, organisation géographique de l'équipe de vente
    * Lancement d'une activité de produits de négoce et de vente en vrac, analyse des gammes de produits et de la concurrence, suppression de certaines références, rationalisation des colisages
    * Pilotage des référencements et du plan promotionnel
    * Définition des objectifs par vendeur et suivi des réalisations (modification de l'intéressement)

• Réorganisation Industrielle du site
    * Sous-traitance de certaines fonctions (restauration d'entreprise, nettoyage, fabrication aliment)
    * Aménagement du site et des locaux administratifs

• Organisation générale de l'Entreprise :
    * Mise en place d'une équipe de direction et définition des objectifs de chacun des responsables
    * Redéfinition des fonction et tâches des responsables de service et de leurs collaborateurs
    * Prise en compte et application des procédures groupe et création de procédures propres à la société
    * Mise en ordre de l'entreprise : transports, informatique, hygiène, analyse, contrôle…

• Gestion comptable et financière
    * Remise à plat de toutes les méthodes de travail (facturation, recouvrement des créances, procédure d'engagement des dépenses et de règlement de factures fournisseurs, avoirs…)
    * Mise en place d'une gestion budgétaire globale et de situations comptables mensuelles analytiques par branche d'activité et par famille de produits, reporting vers le groupe
    * Maîtrise et optimisation des dépenses, définition de responsable par postes de charges
    * Mise en place de tableau de bord de gestion de production (productivité main d'œuvre, rendement matière, ratios francs/kilos)
    * Redressement des comptes de l'entreprise, rationalisation du fonctionnement et des investissements
    * Mise en place d'une gestion de trésorerie et relations avec les banques

Directeur administratif et financier, Société ORCIRA (jus de fruits), Groupe ANTILLA de septembre 1990 à septembre 1999

• Organisation générale de l'entreprise :
  * Opérations de croissance externe : reprise d'une société de vins en dépôt de bilan puis de la société L'ERINAC. Cession de l'activité vins au terme de cinq années.
  * Création et mise en œuvre de différentes procédures internes (norme Iso9002)
  * Assurances, sécurité des personnes et des biens

• Gestion administrative et comptable
  * établissement des budgets prévisionnels et suivi
  * situations comptables trimestrielles et bilan annuel, résultats par branche d'activité
  * création d'un poste de comptable clients et d'un système de relance des créances en retard :
    → diminution du poste clients de 18 à 12 millions
    → diminution des créances douteuses de 500 kF à 60 kF
  * mise en place d'une gestion des stocks et réorganisation physique :
    → gestion des approvisionnements plus fine et plus rigoureuse
    → diminution des stocks de 15 à 9 millions
  * encadrement de l'administration des ventes et de la logistique
  * montage de dossiers financiers (Coface, crédit impôts recherche, formation)
  * création de statistiques commerciales, de marges analytiques, calcul et suivi des prix de revient

• Secrétaire général
  * participation au conseil d'administration et aux assemblées générales
  * tenue des livres de titres et de société
  * suivi des marques
  * relations avec les commissaires aux comptes et l'expert comptable

Contrôleur de gestion, Société OFFICE FUTUR (fabrication de bureaux) de septembre 1989 à sept. 90

  * recouvrement des créances, budgets et suivi, gestion des stocks et inventaires
  * logistique de la région (3 agences)

Groupe de grande distribution de 1985 à 1989

Chargé d'études, siège social, division des supermarchés de 1988 à 1989

Correspondant informatique, direction régionale de Marseille de 1987 à 1988

Directeur de cafétéria, supermarchés de Marseille de 1986 à 1987

Chef de rayon, supermarchés, de 1985 à 1986

LOISIRS

• Participation aux jury à l'École de Commerce de Marseille
• Voile et Escrime
• Expositions, voyages en Europe.

CURRICULUM VITAE

Fabienne VELLA
34 ans, mariée, 2 enfants

15, avenue des Lavoirs
93220 Lagny
Tél. : 01 44 22 68 31 (répondeur)

Mobilité totale
Mari : Artiste Peinture

EXPÉRIENCES PROFESSIONNELLES

1996 à ce jour : Chef Comptable puis Directeur Comptable

MOBILIA : distributeur d'articles de décoration (maison mère Italienne)
(CA : 500 MF- Effectif : 250 personnes)
Responsable des comptabilités, du reporting, du contrôle interne et de l'intégration fiscale.

Mise en place des paiements pour la centrale d'achat (3 000 factures/mois).

Participation active à la mise en place d'un nouveau progiciel de gestion des achats.

Amélioration du suivi du reporting de 6 sociétés vers les maisons mères Italiennes (réduction du délai de production des états de 2 jours).

Participation aux opérations des holdings : créations, fusions et acquisitions de sociétés, établissement de l'intégration fiscale (14 sociétés, entrée et sortie du groupe fiscal).

Gestion des relations avec les auditeurs internes et externes, les contrôleurs fiscaux, les conseillers juridiques et fiscaux.

Gestion et recrutement de collaborateurs dans le cadre de la réorganisation.

1993 à 1996 : *Responsable Comptable (Association caritative)*

(CA : 125 MF – Effectif : 420 personnes)

Établissement des budgets prévisionnels et comptes.

Mise en place d'outils de gestion :
    Gestion et prévision annuelle de trésorerie 30 MF.
    Contrôle budgétaire mensuel.
    Tableaux de financement.

Autres travaux :
    Renégociation d'emprunt : 80 MF.
    Mise en place d'un inventaire physique des immobilisations.
    Suivi financier d'une opération de restructuration immobilière de 12 MF.
    Établissement des procédures d'achats et des procédures comptables.

1990 à 1993 : *Assistant Comptable*

Cabinet d'expertise comptable Philippe Rousseau - Rennes

Travaux effectués :
   Encadrement d'assistants débutants,
   Tenue et supervision de comptabilité,
   Clientèle PME du secteur salaisons industrielles, alimentaire, distribution.

ÉTUDES ET DIPLÔMES

1989 à 1990 : *DECF (Diplôme d'études comptables et financières) Rennes*

1988 à 1890 : *BTS Comptabilité et gestion des entreprises*

1986 à 1987 : *Baccalauréat série D*

Informatique :
Environnement : Windows NT (réseau), Windows 95.
Traitement de texte et tableur : Word et Excel.

Langue étrangère : Anglais, Italien

LOISIRS & PASSIONS

. Antiquités et brocante
. Gastronomie

Deux personnes se désistent avant leur entretien avec le DRH : Adeline BEROIT qui a une piste intéressante plus avancée et plus proche de son domicile et Jean-Pierre DEM-SAILLE qui ne donne pas d'explications.
Jean ARIENCOURT, retenu, n'honore pas son rendez-vous.
Les dix autres candidats viennent en entretien.

Le DRH choisit de présenter trois candidats à son président : Laurent CEDAR, Loïc CARDEL et Jacques MONTOIS.
Les sept autres lui sont apparus soit moins motivés, soit moins solides.
Les trois « retenus » lui ont surtout semblé avoir, au-delà des compétences techniques, un mode relationnel qui leur permettra d'être en phase avec l'équipe de direction.

Il rédige les trois « rapports de synthèse » suivants à son président :

Laurent CÉDARE

PRÉSENTATION ET EXPRESSION
40 ans, bon impact, physique tonique, présentation soignée et sobre.
Élocution satisfaisante et présentation claire.

ÉLÉMENTS BIOGRAPHIQUES/FORMATION/EXPÉRIENCE
Il est originaire du Mans où il fait ses études secondaires. Il se met au travail dès après son bac mais poursuit parallèlement ses études supérieures : DUT de gestion, licence de gestion et maîtrise de sciences économiques à Rennes ; il fera aussi une licence de sociologie un peu pour le plaisir et pour être plus à l'aise dans le travail de consultant qu'il exercera un peu plus tard à Laval.

Il commence sa carrière comme comptable dans le secteur du transport au Mans : 8 ans (il était alors moins diplômé).
Puis il est conseil en gestion à titre indépendant pour des PME locales.
Il passe surtout 5 ans comme contrôleur de gestion chez MARSANAE pour le site d'Antoir (Loire Atlantique), qui compte 300 personnes et un CA de 300 MF.
Ce sont des expériences qui se rapprochent de ce que nous souhaitons.

Depuis bientôt 5 ans, il est contrôleur de gestion groupe pour la société ANTONE à Landois. Celle-ci compte 2 500 personnes et a un CA de 20 milliards. Il assure le suivi gestion d'un certain nombre d'activités de ce groupe agroalimentaire : boulangerie-viennoiserie industrielle, riz et légumes secs, maïserie, malterie. Il assurerait aussi le contrôle de gestion de l'une des filiales viennoiserie qui vient d'être vendue en mars 2000 (170 MF sur deux sites).

Ils sont trois contrôleurs de gestion rattachés au DGA et se répartissent l'ensemble des filiales du groupe.

MOTIVATIONS
Nous sommes plus petit qu'ANTONE mais le poste à pourvoir le motive tout particulièrement par le champ plus large qu'il couvre.
Son niveau de salaire actuel est de 412 kF (dont 10 % de variable).

CONCLUSION
C'est un homme de style participatif, très intéressé par notre société et ses projets, qui pourrait lui offrir un champ plus large. Son épouse est secrétaire de mairie.
Je vous propose de le rencontrer.

Didier PELATAN - DRH

Loïc CARDEL

PRÉSENTATION ET EXPRESSION
Loïc CARDEL a 36 ans. Physique rond, courtois et jovial, avec la distance qui convient.

ÉLÉMENTS BIOGRAPHIQUES/FORMATION/EXPÉRIENCE
Originaire de Rouen, il y a fait ses études jusqu'à son DUT de gestion qu'il complète par un DUT en informatique, puis une maîtrise de gestion, à Rouen, toujours.

Quatre temps essentiels dans sa carrière :
Il commence par une fonction opérationnelle de contrôleur de gestion dans une société de cosmétiques (2 milliards de CA, 2 700 personnes, 60 centres de profit). Il encadre déjà deux personnes.
Puis, il est embauché par MARTEL & Associés. Il y est senior consultant pendant 4 ans : missions de contrôle de gestion dans l'industrie et les services dont beaucoup de PME. Son rôle implique aussi le développement commercial et a mis en relief ses qualités de contacts et son sens pédagogique.
Malgré tout il regrette les fonctions d'entreprise plus opérationnelles. Pour cette raison, il entre chez WISCONSIN CHEMICAL France, fabricant d'additifs pour polymères (CA de 50 MF, 330 personnes, 2 usines). La structure est très comparable à la nôtre.
Depuis 1 an, il est responsable administratif et financier du groupe KRIS, fabricant de mannequins et postiches (320 personnes, 260 MF, 3 sociétés dont une filiale aux USA). Cette société va être reprise par le distributeur américain et monsieur CARDEL ne croit pas à son redémarrage.

MOTIVATIONS
D'où son intérêt pour le poste à pourvoir chez nous, qui correspond pratiquement en tous points à son positionnement et à ses attentes.
Son salaire actuel est de 450 kF.

CONCLUSION

Un candidat très bien ciblé, intéressant par son tonus et son souci de l'opérationnel. Je vous propose de le rencontrer. Mon avis est tout à fait positif à ce stade.

Didier PELATAN - DRH

> **Jacques MONTOIS**

PRÉSENTATION ET EXPRESSION

Jacques MONTOIS a 39 ans. Très bonne présentation, sobre et soignée, bien adaptée à ses fonctions. Le contact est correct : il le noue avec une certaine aisance mais sans beaucoup de chaleur ou de convivialité. Il rebondit bien toutefois aux questions et sait être factuel, étayant bien ses propos par des arguments solides.

Le niveau culturel général est satisfaisant : il s'exprime en phrases courtes mais bien construites et son vocabulaire est précis. La diction est un peu monocorde mais elle est claire.

ÉLÉMENTS BIOGRAPHIQUES/FORMATION/EXPÉRIENCE

Jacques MONTOIS a passé son enfance à Bayonne où son père était directeur commercial. Il a terminé son secondaire en région parisienne et a choisi ensuite la filière universitaire qu'il poursuit jusqu'à sa maîtrise de sciences économiques. Un peu plus tard, il complétera ce cycle par la formation CESA contrôle de gestion.

Après un court passage à la banque privée MARCH, comme rédacteur au service engagements, il entre chez MANLAY SA où il va rester 5 ans.

Trois temps dans cette société : un an et demi comme chef du service des immobilisations, puis il devient contrôleur budgétaire des fonctions groupe (budget de fonctionnement 150 MF, 250 personnes). Le contrôle budgétaire se fait mensuellement. Il anime une équipe de comptabilité de cinq personnes et gardera toujours ce rôle d'encadrement dans ses fonctions suivantes, et jusqu'à ce jour. Il occupe ensuite les mêmes fonctions pour le département professionnels (300 MF, 400 personnes, 200 références).

À l'évidence, cette partie de sa carrière est très intéressante par rapport au poste à pourvoir chez nous. Il tient ce rôle pendant deux ans et demi.

Suivent 5 ans chez ABAL & MELINE France, filiale d'un groupe suisse. Cette société en France compte 90 salariés et a un CA de 100 MF mais il accepte l'offre qui lui est faite pour élargir ses responsabilités. En effet, il en est le responsable administratif et financier, entouré de 8 à 9 collaborateurs, et couvre le contrôle de gestion, le reporting, la trésorerie, la comptabilité générale, enfin l'administration des ventes et les services généraux.

Il est attiré ensuite par ce que lui offre une groupe allemand dans leur filiale française (MEDAK FRANCE & PONANT SA). Cette filiale compte 135 personnes et réalise un chiffre d'affaires de 90 MF. On est très loin de MANLEY, tant par le secteur que par la taille. Mais son périmètre est désormais plus large : la direction admi-

151

nistrative et financière qu'il anime coiffe en plus des fonctions directement finan-cières, l'informatique et le personnel. Il reste seulement un an dans cette entre-prise. Elle est spécialisée dans la fabrication d'appareils de chauffage. En fait, il s'agit de deux sociétés différentes et deux chefs comptables lui sont rattachés. Mais rapidement l'ensemble fonctionne bien, la fonction, compte tenu de la taille d'un chiffre d'affaires faible par apport à l'effectif, devient routinière. Il quitte.

Depuis 4 ans, il a rejoint VALKER France, filiale d'un groupe hollandais, spéciali-sée dans le matériel médical : 120 personnes, 210 MF, (on est dans des tailles plus petites que la nôtre). Il est à nouveau directeur administratif et financier, avec 7 personnes dans son équipe. Le spectre est la comptabilité générale, la trésorerie, le contrôle de gestion, le reporting et les services généraux. Il a eu à mener la fusion-absorption de deux sociétés, expériences tout à fait intéres-santes pour le poste de directeur de gestion chez nous.

Sur le plan personnel, monsieur MONTOIS est marié, il est père de trois enfants. Il habite assez loin et a remarqué que le temps de trajet de chez lui à notre siège n'était « peut-être pas si évident ». Il lui a été suggéré bien sûr de regarder ce point de plus près mais à ce stade il n'en fait pas un blocage.

MOTIVATIONS
Les actionnaires de son entreprise ont changé, le reporting aboutit à une lour-deur administrative (plus que de gestion) qui ne le satisfait pas. Son autonomie disparaît. Le futur actionnaire est anglais et il y a une éventualité d'éclatement de la société.
Pour cet ensemble de raisons, il est en recherche d'un autre poste de DAF, mais il a bien saisi que le périmètre de direction de gestion chez nous n'en est pas moins intéressant et correspond bien au stade de développement où en est l'en-treprise.
Sur le plan salarial, il se situe à 465 kF (dont 400 kF de fixe), plus véhicule de fonction, plus participation qui, précise-t-il, est très faible.

CONCLUSION
Un candidat tout à fait intéressant parce que bien ciblé et sans histoire. Il est à revoir.

Didier PELATAN - DRH

Nos trois finalistes, monsieur Loïc CARDEL, monsieur Jacques MONTOIS et monsieur Laurent CÉDARE se voient donc proposer un rendez-vous avec le président.

Après cet entretien et nouvel échange entre le président et le DRH, le choix se porte sur :

152

Monsieur Loïc CARDEL et Monsieur Laurent CÉDARE. Leurs questions sont apparues plus pertinentes, leurs suggestions plus imaginatives et leur motivation pour le milieu PME plus convaincante. Leur entretien a fait ressortir leur intérêt pour l'accompagnement de la croissance, le spectre large de leur fonction et leur habileté dans les relations simples et directes.

6

Autres méthodes d'évaluation.
De leur bonne ou mauvaise utilisation

On ne conçoit pas d'évaluation sans entretien. Mais il y a bien évidemment d'autres méthodes, même si elles ne sont que complémentaires. **Le vrai débat** n'est pas, par exemple, tests/anti-tests mais il **est dans la pertinence des outils d'évaluation : le choix doit se faire par rapport aux compétences que l'on veut évaluer et à l'éclairage qu'apporte l'outil envisagé.**

Les méthodes ésotériques de l'astrologie et de la numérologie

Il existe un certain nombre de pratiques peu fréquentes, cependant, puisqu'elles sont utilisées, elles demandent que l'on s'y arrête un instant. Nous faisons référence aux méthodes irrationnelles et qui ne reposent sur aucune validation.

Notre métier de conseil en recrutement nous met sous les feux de la rampe parce que tout le monde est, a été ou sera candidat. Nous sommes donc très sollicités, par les journalistes en particulier, mais ce que nous avons à dire est rarement spectaculaire ; expliquer qu'il n'y a pas de « truc » ou qu'un entretien approfondi est plus significatif qu'une question piège n'entraîne pas l'enthousiasme des foules et n'augmentera pas l'audimat. En revanche, des pratiques « magiques », mêmes si elles sont marginales, font plus facilement la une des journaux. S'il s'agit de dénoncer des pratiques injustes ou illégitimes, les journalistes rendent alors service aux entreprises et aux professionnels qui les refusent. L'ennui est que, ces dernières années, ce type d'article a parfois donné l'impression que ce qui était exceptionnel était fréquent. On ne peut nier pour autant que ces pratiques existent mais elles ne doivent pas jeter le discrédit sur la majorité des praticiens, qui y sont tout à fait opposés.

Un professionnel se doit d'exclure tout recours à ces outils car la croyance n'a jamais été une preuve. Mais, avant de les réfuter, donnons au moins quelques explications sur ces méthodes.

L'astrologie est l'étude de l'influence des astres sur les comportements humains. La numérologie travaille sur la symbolique des chiffres. Il faut reconnaître que les quelques praticiens qui appliquent ces disciplines au recrutement en retiennent l'aspect descriptif du fonctionnement individuel et non le déterminisme s'appliquant aux événements à venir. Qu'elles puissent un jour apporter un éclairage parce que l'on aura mis en évidence des corrélations est un autre sujet, mais **c'est leur application qui pose problème alors qu'il n'y a aucune preuve d'une quelconque validité de contenu ou de validité prédictive.**

Nous devons nous interdire ces pratiques pour des raisons de rigueur méthodologique mais aussi d'éthique et marquer notre désaccord avec toute théorie déterministe. Les recherches des psychologues, en particulier, ont toujours mis en évidence la liberté de l'être humain et la priorité de l'acquis sur l'inné et le prédéterminé.

La morphopsychologie

Très ancienne aussi, **elle met en évidence des éléments de notre psychologie selon la forme de notre corps et de notre visage. Là aussi, ce qui fait défaut, c'est le manque d'étude sérieuse quant à l'application au niveau individuel et nominatif.** Mais, implicitement, nous faisons tous de la morphopsychologie puisque nous parlons volontiers d'un homme tout en rondeur, d'un intellectuel un peu désincarné, d'un ascète émacié. Deux Français contemporains ont développé la morphopsychologie, le docteur Ermiane et Louis Corman. Les éléments pris en compte sont essentiellement la dilatation du physique ou sa rétractation. Le dilaté est caractérisé par son ouverture, le rétracté par sa fermeture. L'étude du visage porte sur les trois zones (supérieure, médiane et inférieure) qui correspondraient à l'intellect, l'affect, et l'instinctif. La charpente du visage ou sa forme est prise en compte et,

156

enfin, les orifices ou les ouvertures que sont les yeux, les oreilles la bouche, le nez (les récepteurs). **La morphopsychologie peut donner quelques idées sur le mode de fonctionnement de l'individu, ses grandes tendances, mais on ne peut, pour le moment, en tirer aucune conséquence sur sa réussite.**

Le cas particulier de la graphologie

Sans trancher sur le fait qu'il faille ou non l'utiliser, il nous paraît injuste de la classer dans les méthodes ésotériques. **Elle ne repose** en effet pas sur une croyance mais **sur la symbolique de l'utilisation de l'espace** (marges, hauteur et jambage des lettres, orientation vers la droite ou la gauche) **et sur les gestes psychomoteurs** (pression du trait). **Les graphologues ne refusent pas** non plus de se soumettre à des études de validité de contenu ou de validité prédictive. Depuis les travaux de Crépieux-Jamin, qui restent la base pour les graphologues, la Société française de graphologie et le Groupement des graphologues conseils de France travaillent régulièrement sur la validation de leurs méthodes en faisant ressortir les corrélations entre leurs analyses et d'autres méthodes descriptives de la personnalité. Il est vrai que, du point de vue de la « rigueur méthodologique », il reste beaucoup à faire. **La véritable question réside plus dans le poids à donner à la graphologie dans un processus de recrutement et dans le choix du bon graphologue** (mais on peut dire la même chose de l'interviewer). **Parce qu'elle décrit essentiellement la forme d'intelligence et les caractéristiques de base de la personnalité, elle n'est pas faite pour être utilisée seule dans un processus de sélection.** Mais, surtout, selon le graphologue, on aura une analyse d'une finesse extrêmement variable car la graphologie est un art dont la maîtrise repose sur le talent et l'expérience. Les diplômes délivrés après une formation par l'une ou l'autre des associations professionnelles citées sont un minimum à présenter pour exercer la graphologie.

Les graphologues vous proposeront des prestations qui vont du simple tri graphologique, à des flashs de quelques lignes explicitant les points positifs et négatifs de la personnalité d'un candidat par rapport à un descriptif des exigences du poste, ou encore à une analyse détaillée, voire comparative, de candidats entre eux ; plus rarement, car cela est moins demandé, au grand regret des graphologues, à une étude des complémentarités entre le futur hiérarchique et le candidat.

Les tests

La validité des tests

Pour qu'ils puissent porter cette dénomination de tests, **les outils doivent avoir été construits selon une méthodologie rigoureuse et présenter des caractéristiques statistiques bien précises.** La confusion vient de l'utilisation abusive du terme « test », pour faire référence à d'autres épreuves passées au moment d'un recrutement. C'est de façon abusive qu'une discussion de groupe ou un questionnaire (dès lors qu'il se présente sous une forme un tant soit peu standardisée) sont parfois qualifiés de tests.

Le terme de test fait référence en fait à un échantillon : il se doit d'être représentatif d'un ensemble large. Il permet de situer le « sujet » par rapport à une population de référence : c'est ce que l'on appelle l'étalonnage. **Un bon test doit donc présenter des caractéristiques métrologiques que l'on résume généralement autour de trois points : sensibilité, fidélité et validité.**

* **Un test est sensible quand il fait la différence entre les réponses données par les sujets quant à un même trait.** On le compare ainsi à une balance, plus ou moins précise ou plus ou moins sensible, qui doit faire la différence à quelques grammes près s'il s'agit du poids d'une personne mais de façon beaucoup plus fine s'il s'agit d'une substance chimique. Un test aboutissant à cinq catégories n'est pas suffisamment fin. Les instruments acceptables donnent en général une distribution en 9 ou 11 classes, sur une distribution gaussienne[14]. **Cette opération de standardisation d'un test, son étalonnage, permet de comparer le candidat qu'il**

---

14. Pour qu'un outil soit discriminant, il faut qu'il respecte cette règle de la distribution gaussienne, à savoir qu'un faible pourcentage de la population se retrouve aux deux extrémités de la courbe dessinée par ce que l'on mesure et que 25 % d'entre elle se retrouve de chaque coté (+ et -) du point moyen (ex. : le niveau intellectuel).

s'agit d'analyser à sa **population de référence** (par métier, par âge, par niveau universitaire, par catégorie professionnelle).

- **Un test est fidèle à condition qu'il donne les mêmes résultats tant pour l'intelligence que pour la personnalité, s'il est passé à deux moments différents par la même personne.** La personnalité peut avoir beaucoup changé après un laps de temps important ou suite à des événements majeurs. Mis à part ce cas, il doit y avoir constance de la mesure.

- Enfin, un test doit être valide. On distingue trois types de validité :

  - *La validité de contenu*
    L'instrument mesure bien ce qu'il est censé mesurer. On le valide en analysant le contenu des questions. Une épreuve d'orthographe doit par exemple contenir des fautes à corriger ; un test de classement de bureau, des épreuves en rapport avec cette situation professionnelle. Le professeur Binet, l'inventeur du concept de quotient intellectuel, disait : « L'intelligence, c'est ce que mon test mesure. »

  - *La validité concourante*
    Elle consiste à calculer la corrélation entre l'épreuve nouvelle en construction et une épreuve déjà validée. Ou encore à valider un trait de personnalité mesuré par le test par rapport à l'opinion de l'entourage sur ce même trait chez un individu qui a passé le test et qu'ils évaluent.

  - *La validité prédictive*
    Elle vérifie que le sujet s'est comporté comme on avait prédit qu'il le ferait. La valeur prédictive recouvre donc deux choses différentes : un test peut, par exemple, avoir une forte valeur prédictive quant au niveau d'activité d'énergie ou de dynamisme de quelqu'un mais pas par rapport à sa réussite professionnelle.

L'étude de la valeur prédictive d'un test est la plus difficile à mener – c'est pourtant la plus importante – parce que plus on monte dans la hiérarchie et plus la notion de réussite professionnelle est subjective. Elle est surtout moins facile à décomposer en éléments isolés. Ainsi, calculer la corrélation entre la rapidité lors d'un test et la rapidité dans une tâche manuelle d'exécution est relativement simple mais faire le lien entre la réussite à une épreuve métrologique et la maîtrise d'un poste global n'est pas du tout évident.

Rappelons enfin que l'étude de la valeur prédictive d'une épreuve est d'autant plus nécessaire que la validité de contenu est faible. Ainsi, quand il s'agit de mesurer le niveau d'orthographe, on donne une épreuve d'orthographe ; la capacité à animer une réunion s'observe facilement en mettant le candidat dans cette situation. Mais le lien entre un trait de personnalité et la réussite professionnelle est souvent supposé plus que prouvé : ne dit-on pas qu'une bonne dose de paranoïa permet aux grands patrons d'anticiper les difficultés ? Or, implicitement, tous les tests de personnalité fonctionnent sur la recherche d'un certain équilibre.

Pour choisir ces tests, on peut s'appuyer sur les recommandations des psychologues qui travaillent chez les éditeurs de tests tels que, en France, les ECPA (Éditions du Centre de psychologie appliquée) **ou les EAP** (Éditions d'applications psychotechniques). En revanche, un bon nombre d'épreuves sont commercialisées sous le terme abusif de test alors qu'elles sont tout juste standardisées. Dans ce cas, il faut demander des explications sur la façon dont l'épreuve a été construite et validée : la rapide adaptation d'une épreuve passée par un grand nombre de candidats aux États-Unis n'est pas un gage de validité. **La plus grande réserve est à faire sur les questionnaires qui se font en dix minutes et ont la prétention de régler vos problèmes de recrutement, de mobilité et de développement de carrière ! Les bons outils ne se présentent que comme des outils et sont toujours plus modestes dans leurs affirmations.**

Les différents tests sur le marché

Les tests de niveau intellectuel

Les plus classiques sont les tests qui mesurent le quotient intellectuel, très utilisés en orientation scolaire, pratiquement jamais pour le recrutement des cadres mais, parfois, dans les entreprises, pour le recrutement d'employés ou salariés, et lors des examens de promotion.

Une batterie de tests très répandue, à juste titre puisqu'elle a été conçue et validée avec un très grand soin, est celle du professeur

160

Bonnardel. Elle inclut des tests de type mathématique ou géométrique et des tests de type verbal (compréhension de mots et compréhension de phrases) qui permettent une mesure du potentiel intellectuel, sous forme d'une note que l'on ramène à un étalonnage permettant de classer un candidat par rapport à sa population de référence. Ainsi peut-on prédire ses chances de pouvoir assimiler des tâches qui demandent tel ou tel niveau.

On peut classer aussi dans cette catégorie d'autres tests, dits de raisonnement logique – l'une des formes de l'intelligence –, comme le test des dominos où il s'agit de retrouver la loi qui régit l'ordonnancement, en indiquant les figures qui constituent cette suite logique (test D70).

Les tests d'aptitudes spécifiques

Ils mesurent une aptitude précise comme le sens de l'orientation dans l'espace ou l'acuité de la perception. **Ils sont une condition sine qua non du recrutement dans certaines professions.** On pense spontanément à certains métiers du transport où certaines aptitudes de type psychomoteur sont nécessaires pour assurer la sécurité des passagers.

D'autres, moins connus, ont pour objectif de faire ressortir la créativité ; ils ont pu être validés quant à leur contenu mais de manière peu significative, jusque là, en terme de réussite professionnelle.

Les tests de personnalité

On les classe en deux grandes catégories : les tests projectifs et les tests objectifs.

Les tests projectifs

Les deux « classiques » dans ce domaine sont indiscutablement le test de Rorschach et le TAT *(Thematic Aperception Test)*. Mais il en existe d'autres, un peu moins connus, sans doute parce qu'ils s'intéressent à certaines composantes mais pas à l'ensemble de la personnalité : c'est le cas, par exemple, du test de résistance à la frustration de Rosenzweig.

Le test des taches d'encre de Rorchach

Il a été créé par un psychiatre suisse, le docteur Herman Rorchach, juste avant la première guerre mondiale. Il a donc été conçu, au départ, pour être un outil de diagnostic et de compréhension du pathologique. Mais, la limite entre le normal et le pathologique n'étant parfois qu'une question de dosage, **il s'est révélé être un test extrêmement riche pour la compréhension de la structure d'une personnalité.**

Il se présente sous forme de dix planches. Le sujet est invité à dire ce qu'il voit. Le test est ensuite corrigé en fonction des perceptions globales ou analytiques, de la qualité de la forme donnée à ces images et du contenu qui a une valeur symbolique (un animal, un objet, etc.). Certaines perceptions sont des banalités, parce qu'elles sont à la portée de tout le monde ; d'autres sont originales, parce qu'elles sont statistiquement plus rares. La perception du mouvement (la kinesthésie), notamment, est un élément important de l'analyse.

Une forme simplifiée de ce test existe, le « test Z », dont les fondements sont les mêmes mais qui se réduit à trois planches.

Personne ne conteste la validité de contenu de ce test mais, malgré des travaux sur sa validité prédictive par rapport au monde dit « normal » du travail aux États-Unis, **il est relativement peu utilisé. Il va en effet très au-delà de ce que l'on a besoin de soumettre à investigation dans un contexte professionnel.** Bien que les défenseurs de son utilisation rappellent qu'il n'est communiqué au décisionnaire que ce qu'il est seulement légitime de lui rapporter, il n'empêche que le doute persiste quant au contenu des résultas pris en compte par ce dernier. Quoi qu'il en soit, on peut se demander où est l'intérêt de passer du temps sur des composantes de la personnalité que l'on occultera ensuite. C'est une des raisons qui tend à exclure l'utilisation des projectifs des processus de sélection. Enfin, une des limites aussi à l'utilisation de ce test est qu'il doit impérativement être utilisé par des psychologues ou des psychiatres qui l'ont étudié en profondeur : en effet, le référentiel de ce test est la théorie psychanalytique de la personnalité, basée sur l'inconscient, sur les mécanismes de défense que nous mettons en œuvre pour nous adapter et sur l'histoire de nos premières relations dès la petite enfance.

Le TAT (Thématic Aperception Test)

Ce test a été créé dans les années 1950 par un psychologue américain, professeur à Harvard, Henry A. Murray qui, par ailleurs, a été l'un de ceux qui ont conçu et développé les méthodes « Assessment Centers » décrites dans le chapitre suivant.

Il se présente sous forme d'une vingtaine de planches très réalistes et structurées, à la différence des taches d'encre. Une partie seulement de ces planches est proposée. La projection n'est plus dans la façon dont vous structurez un matériel qui ne l'est pas mais dans l'histoire que vous allez raconter et les sentiments ou comportements que vous allez prêter aux héros de ces histoires. La première planche représente un jeune garçon, accoudé à une table devant un violon. Vous êtes invité à raconter ce qui s'est passé avant, ce qui se passe maintenant et ce qui va se passer ensuite.

Avant d'être l'auteur d'un test le professeur Murray est d'abord l'auteur d'une théorie de la personnalité, basée, elle, sur la notion de besoins qui nous structurent. Il sont la base de notre motivation et expliquent nos comportements. **L'un de ces besoins, le plus fondamental, est le besoin d'accomplissement. On comprend que ce test ait intéressé les évaluateurs dans l'acte de recrutement.**

Le test de Rosenzweig

Comme tous les tests solides, **il est l'outil opérationnel d'une théorie de la personnalité,** celle de Rosenzweig, de réaction, **qui a pour point focal l'étude de la frustration et, donc, d'une forme de stress, avec mise en évidence du seuil de tolérance du candidat.**

Le test se présente sous forme de bandes dessinées, l'une des bulles reproduit les interventions des différents partenaires des scènes présentées, l'autre, vide, est à remplir par le candidat. Vingt-quatre petites scènes de la vie quotidienne sont ainsi présentées (une femme vient de casser un vase, son interlocutrice précise que sa mère y tenait beaucoup, un vendeur manifeste son regret de ne pas avoir l'article demandé, etc.).

L'analyse de ce test porte sur la direction de l'agressivité : « extra-punitive » si l'agression se dirige vers l'extérieur, « intro-punitive » si elle est retournée contre soi-même ou « in-punitive » si le problème est nié. L'autre élément déterminant est la dominance de l'obstacle, la défense du moi ou la persistance du besoin.

Le test de l'arbre et le test du village

Vous êtes invité à dessiner un ou plusieurs arbres sur des pages différentes. L'interprétation suppose une similitude entre l'arbre et l'être humain. La symbolique utilisée repose sur l'utilisation de l'espace qu'est la feuille blanche sur laquelle vous avez travaillé. Il y a une très forte similitude entre l'interprétation faite par la graphologie et celle du test de l'arbre. Même approche aussi dans le test du village quand il est passé de façon individuelle. Dans ce dernier, les éléments de construction d'un village vous sont remis et il vous est demandé de le construire. Il convient de prendre en compte deux éléments essentiels : l'utilisation de l'espace et la symbolique des maisons avec une forte connotation psychanalytique (la bergerie représente la mère, le moulin le père, etc.). Ces tests reposent sur des données statistiques moins importantes que celles du Rorchach ou du TAT. **L'intuition du « correcteur » intervient pour une large part et les conséquences à en tirer par rapport à une vie professionnelle sont très limitées par rapport à l'investissement temps que ces tests représentent.**

En conclusion

Fort heureusement, l'ensemble de ces tests a une utilisation assez restreinte. Il faudrait au minimum pouvoir garantir que des psychologues qui connaissent parfaitement leur outil et ses limites les fasse passer et les interprètent.

C'est bien là d'ailleurs que devrait se situer le débat : **l'important n'est pas tant le choix des outils que l'expertise que l'on en a et l'utilisation que l'on en fait.**

Tests objectifs

Ils sont plus fréquemment utilisés en situation de recrutement que les tests projectifs, nés en premier dans le secteur clinique. **De ce fait, ils présentent**, généralement du moins, **des étalonnages qui sont faits avec des populations de salariés en entreprise.**

Ces tests, dont la création est postérieure à la deuxième guerre mondiale, se présentaient toujours sous forme papier/crayon. Les plus récents, entièrement nouveaux ou partiellement remis en forme, sont passés et corrigés de façon plus ou moins informatisée. **Qu'ils soient informatisés ne change rien à leurs qualités ou à leurs carences. Cela ne change rien non plus à la nécessité de les voir interpréter par des correcteurs formés.**

Cependant, les choses ont évolué ces dernières années. Il est évident que les tests projectifs ne peuvent être utilisés que par des psychologues, avec un entraînement spécifique à ces tests. En revanche, les éditeurs de tests ont été confrontés au fait que certains de leurs tests étaient utilisés par des non psychologues. Ils ont préféré prendre l'option suivante : **certains de ces tests peuvent être utilisés par des non psychologues, à condition qu'ils aient une pratique de l'évaluation et qu'ils soient formés et certifiés par eux au bon usage de ces tests.** C'est le cas pour le test Sosie, par exemple. Certains outils sont effectivement assimilables en quelques jours. Même si cette première formation ne permet pas de tirer autant de l'instrument que le permet une formation en psychologie, on peut admettre que cette pratique est utile : un médecin peut être aussi assisté de techniciens qui apprennent à utiliser les appareils et à interpréter les mesures.

Le MBTI

Il est l'un des plus anciens (dès 1942) parmi les questionnaires de personnalité ayant eu rapidement des applications dans le milieu industriel aux États-Unis et en Angleterre. Il a fallu attendre 1987 pour qu'il soit traduit et adapté à la population francophone. Sa dernière version date de 1996.

Sa durée est courte : de 20 à 30 minutes en 89 questions.

Le référentiel en matière de théorie de la personnalité est la théorie de Jung, dissident de l'École freudienne, qui a mis en exergue les concepts d'inconscient collectif et d'archétypes.

L'analyse se fait en dimensions principales (au nombre de quatre) subdivisées en traits bipolaires (17 traits au total) :

- orientation de l'énergie :
  - extraversion – introversion,
  - sociable, expressif – secret, réservé,
  - actif – réfléchi
  - dominante communication orale – facilité de la concentration ;
- modalités de la perception :
  - sensitif – intuitif,
  - réaliste – imaginatif,
  - orientation vers le présent – orientation vers le futur,
  - prédominance des détails – prédominance des grandes lignes,
  - conservatisme – ouverture au changement ;
- critères de décision :
  - raison – sentiment,
  - objectif – subjectif,
  - analytique et fermé – en recherche d'harmonie,
  - recherche de justice – recherche d'accomplissement de soi ;
- style de vie :
  - normatif – perceptif,
  - organisation – spontanéité,
  - méthodique – flexible,
  - planificateur – curieux.

Par la mise en évidence des préférences fondamentales, le MBTI se révèle aussi un test très intéressant dans les bilans professionnels.

Le 16 PF

C'est l'un des questionnaires les plus anciens puisqu'il remonte à 1949. Créé par le professeur Cattell, il se présente sous forme d'un cahier de questions (185 dans la version actuelle) et d'une feuille de réponses. Comme pratiquement tous les tests de personnalité, le temps mis pour remplir le questionnaire n'est pas en soi un critère, la durée moyenne en est toutefois de 30 minutes à une heure. Il est toujours recommandé de répondre aussi spontanément que possible.

Les traits du 16 PF sont bipolaires : par exemple, stabilité émotionnelle pour les notes élevées, instabilité pour les notes basses.

Les seize facteurs de base du 16 PF sont :

- facteur A : cordialité, chaleur avec autrui,
- facteur B : niveau d'intelligence abstraite,
- facteur C : stabilité émotionnelle,
- facteur E : dominance – autorité,
- facteur F : vivacité, spontanéité,
- facteur G : sens des conventions,
- facteur H : aisance, assurance,
- facteur I : sensibilité,
- facteur L : méfiance ou confiance,
- facteur M : imagination ou pragmatisme,
- facteur N : intériorisation,
- facteur O : anxiété,
- facteur Q1 : ouverture au changement,
- facteur Q2 : individualisme ou besoin du groupe,
- facteur Q3 : perfectionnisme,
- facteur Q4 : tension physique et psychique.

À partir de ces seize dimensions, les analyses factorielles (étude de la meilleure structure possible regroupant les dimensions en fonction de leurs corrélations avec un dénominateur commun) ont abouti à la mise en exergue de cinq facteurs principaux auxquels on a donné le nom d'échelles :

- extraversion – introversion,
- anxiété – émotivité,
- dureté – intransigeance – tolérance,
- indépendance – autonomie,
- contrôle de soi – impulsivité.

Le G Z (Guilford-Zimerman)

Son élaboration date de 1957. **C'est certainement le test qui a été le plus utilisé en entreprise parce que les facteurs qu'il mesure répondent aux questions que se pose un recruteur par rapport à un candidat. On peut regretter qu'il n'ait pas été remis au « goût du jour »,** comme l'ont été, par exemple, les tests de Gordon (voir plus loin le test Sosie). Sa durée est d'environ quarante-cinq minutes.

Les dix facteurs mis en relief comportent chacun trente questions auxquelles le candidat est invité à répondre par oui ou par non, ou par « ? » s'il hésite trop. Cependant, il lui est déconseillé d'utiliser fréquemment le point d'interrogation, ce qui rendrait le test invalide.

Ces dix facteurs sont :

- G (General Activity, en anglais) : ce trait correspond au degré d'énergie mesurée par le niveau d'activité ;
- R (Restraint) : c'est le contrôle de soi, la maîtrise ;
- A (Ascendency) : ascendant dans les rapports sociaux (en forte corrélation avec les mesures du trait leadership) ;
- S (Sociability) : sociabilité ;
- E (Emotional Stability) : stabilité émotionnelle ;
- O (Objectivity) : objectivité par rapport à ses sentiments ;
- F (Friendliness) : bienveillance vis-à-vis d'autrui ;
- T (Thoughts) : réflexion, méditation ;
- P (Personal Relations) : aisance dans les relations personnelles ;
- M. (Masculinity) : intérêt pour les activités masculines.

Chaque test est évidemment représentatif des valeurs, des centres d'intérêts mais aussi des normes de l'époque où il a été construit. Ainsi, dans le Guilford, la distinction entre activités masculines et féminines a évidemment beaucoup perdu de son sens et pourrait même être maintenant considérée comme discriminante. **Le risque de discrimination n'est toutefois pas tant dans l'instrument lui-même que dans l'interprétation qui peut en être faite.**

Le test EAE (épreuve d'auto-estimation de M. S Lavoëgie)

La dernière version date de 1964. **Ce test présente d'étonnantes similitudes avec celui de Guilford-Zimmerman, bien qu'il soit beaucoup plus court et plus ludique en apparence** : il se passe en temps libre, mais un bon quart d'heure est en général suffisant.

Il consiste en un simple tableau d'adjectifs, présentés par paires, entre lesquels il faut choisir : « Êtes vous plutôt placide que malin ? » : vous entourez « placide », « Êtes-vous plutôt malin que placide ? » vous entourez « malin ».

Les neufs facteurs analysés sont :

- énergie – dynamisme,
- sociabilité,

- ténacité,
- intelligence sociale,
- ambition – confiance en soi,
- réflexion – circonspection,
- optimisme,
- sincérité,
- pondération.

Soulignons le fait qu'il s'agit d'un test dont l'auteur est français. C'est le cas aussi pour l'IPV qui suit un peu plus loin ; le test Sigmund l'est également mais il nous apparaît fait de sous-ensembles très largement empruntés à d'autres tests, comme le GZ. Il ne sera donc pas présenté dans ce chapitre.

Le test IPV

Il a été mis au point par Paul Albou en 1977. **Il est destiné spécifiquement au recrutement des vendeurs.** Il comporte 87 questions en temps libre : il faut prévoir 30 minutes environ pour le faire.

Les propositions font référence à des situations de vente ou de la vie domestique. Le candidat indique ce qu'est son comportement en choisissant parmi trois réponses possible.

Douze dimensions sont mesurées :

- facteur DGV : disposition générale à la vente ;
- facteur R : réceptivité ;
- facteur A : agressivité ;
- trait I : compréhension ;
- trait II : adaptabilité ;
- trait III : contrôle de soi ;
- trait IV : tolérance à la frustration ;
- trait V : combativité ;
- trait V : dominance ;
- trait VII : assurance ;
- trait VIII : activité ;
- trait IX : sociabilité.

Le test Sosie

Il a été mis au point et étalonné en France à partir de trois tests plus anciens du psychologue américain Gordon.

Les ECPA le proposent aux professionnels, qu'il soient psychologues ou non, mais en assurant une formation de plusieurs jours et un contrôle de la bonne assimilation de ce test.

Il se passe en temps libre (une quarantaine de minutes environ). Cinquante questions concernent les valeurs et 38 sont relatives aux traits de personnalité.

Voici le tableau récapitulatif des facteurs analysés :

```
                    SOSIE

Nom :                    Prénom :              Sexe :
Profession :             Date :                Age :
N° :


AXE 1 : DIMENSIONS PERSONNELLES        AXE 2 : ASPIRATIONS
      NS                                     NS
  [  ]  A1  ASCENDANCE                   [  ]  A2  REALISATION DE SOI
           Affirmation personnelle                Accomplissement de soi
  [  ]  E   STABILITE EMOTIONNELLE       [  ]  R2  CONSIDERATION SOCIALE
           Contrôle des émotions                 Recherche d'un statut social
  [  ]  ES  ESTIME DE SOI                [  ]  I   INDEPENDANCE
           Image de soi                           Autonomie
  [  ]  V1  ENERGIE                      [  ]  V2  VARIETE
           Puissance de travail et entrain        Goût du changement
  [  ]  R1  RESPONSABILITE               [  ]  B   BIENVEILLANCE
           Sens des responsabilités              Intérêt pour les autres


AXE 3 : TRAVAIL                         AXE 4 : ECHANGES
      NS                                     NS
  [  ]  C1  CIRCONSPECTION               [  ]  S1  SOCIABILITE
           Prudence                              Facilité de contacts
  [  ]  O1  PENSEE ORIGINALE             [  ]  P1  RELATIONS INTERPERSONNELLES
           Curiosité d'esprit                    Acceptation des autres
  [  ]  P2  ESPRIT PRATIQUE              [  ]  S2  DEPENDANCE
           Sens pratique                         Recherche d'approbation
  [  ]  D   ESPRIT DE DECISION           [  ]  C2  CONFORMISME
           Initiative et décision                Respect des règles
  [  ]  O2  ESPRIT D'ORGANISATION        [  ]  L   COMMANDEMENT
           Organisation et méthodes              Leadership
  [  ]  G   ORIENTATION VERS UN BUT
           Orientation vers un but


              [  ]  STYLE A :  L'HOMME DE L'ORGANISATION
              [  ]  STYLE B :  LE CHEF DE PROJET
              [  ]  STYLE C :  LE FACILITATEUR
              [  ]  STYLE D :  L'EXPERT
```

Les dimensions analysées sont regroupées en quatre axes :
- l'axe des dimensions personnelles :
  - ascendance,
  - stabilité émotionnelle,
  - estime de soi,
  - dynamisme,
  - persévérance ;

- l'axe des aspirations :
  - challenge personnel,
  - considération sociale,
  - liberté d'action,
  - variété – nouveauté,
  - intérêt pour les autres ;
- l'axe des comportements dans le travail :
  - circonspection,
  - curiosité d'esprit,
  - matérialisme,
  - implication, décision,
  - organisation, méthode,
  - clarté des objectifs ;
- l'axe des échanges :
  - sociabilité,
  - acceptation des autres,
  - recherche d'approbation,
  - conformisme,
  - goût du pouvoir.

Enfin, ce test, sans utiliser d'autres questions mais à la suite d'analyses factorielles, met en évidence quatre styles de fonctionnement. On y observe en général un style dominant, mais parfois plusieurs :

- style fondé sur la stabilité et la structure = l'homme de l'organisation ;
- style fondé sur le pouvoir et l'activité = le chef de projet ;
- style fondé sur l'ouverture et le contrôle = l'expert ;
- style fondé sur le désintéressement et la conviction = le facilitateur.

Ce test a l'avantage de se passer sur un boîtier électronique, un peu plus ludique qu'un test papier crayon. **Il cerne des domaines qui sont en rapport avec la vie professionnelle et il a l'avantage d'une correction automatisée, donc rapide. Son retour systématique vers l'éditeur lui permet de réactualiser ses étalonnages, voire de les affiner par catégories professionnelles.**

test PAPI

Ce test a été créé par un psychologue, le professeur Kostik. Les droits ont été achetés par le Groupe anglais de conseil, présent en France aussi. **Il est commercialisé auprès des entreprises et fait l'objet d'une licence assortie d'une formation.** Le test se passe en temps libre. Il demande de 10 à 20 minutes et fait l'objet d'une restitution immédiate qui permet de comparer l'auto-évaluation du candidat à l'évaluation au travers du questionnaire.

Sept facteurs principaux sont pris en compte :
*   ascendant sur autrui,
*   conscience professionnelle,
*   ouverture d'esprit,
*   sociabilité,
*   dynamique de travail,
*   tempérament,
*   recherche de résultats personnels.

Conclusion

La faible présence sur le marché d'outils français nous paraît mériter une remarque. Les Français, plus latins qu'anglo-saxons, adoptent une démarche moins pragmatique que celle d'outre-Atlantique. Ainsi, tant qu'un outil n'a pas très largement fait ses preuves en France, il n'a souvent pas droit de cité. **Mais, curieusement, chacun croit alors que n'importe quelle méthode est acceptable puisqu'il n'en existe pas de parfaite.** Ainsi, faute d'expérimentation avec des outils sérieux, nous avançons moins vite que nos confrères outre-Atlantique. Cette situation aboutit à un véritable complexe dont quelques universitaires sont en partie responsables. Ils sont à l'affût de ce qui se passe aux États-Unis mais ignorent facilement ce qui se passe à leur porte. Enfin, le « mal français » est de vouloir tout réglementer en oubliant la plupart du temps, ou en tout cas trop souvent, les professionnels. On l'a vu lors des rapports sur le recrutement, semant le discrédit sur des praticiens parce que leurs méthodes n'étaient pas validées au dire de quelques universitaires. **Il y a confusion entre la nécessité de valider les outils dont on se sert et la nécessité d'évaluer avant de prendre une déci-**

sion, que des méthodes scientifiques soient à notre disposition ou non. Le praticien ne se pose pas d'abord la question de la validité de son outil mais celle des différentes approches possibles. Si un outil lui apporte un éclairage complémentaire, il le choisira, quand bien même cet outil n'a pas une valeur prédictive forte. Trop de rigorisme a souvent conduit à plus d'obscurantisme. On a vu parfois des promotions entières de jeunes psychologues pensant qu'ils n'avaient pratiquement rien d'intéressant à faire en entreprise et, inversement, des entreprises qui se méfient souvent elles-mêmes de ceux qui ont de l'intérêt pour la recherche, tant le fossé est grand entre nos universités et nos entreprises. Le lien entre la recherche et la pratique est de ce fait fortement mis à mal.

Le deuxième frein réside souvent dans la bureaucratisation des systèmes de contrôle.

Il existe fort heureusement une assez grande variété de tests. Un bon nombre d'entre eux, et nous avons choisi bien sûr de décrire ceux qui étaient dans cette catégorie, **ont été correctement construits.** Un certain nombre n'ont pas grand intérêt. Ils sont plus une perte de temps qu'ils ne sont réellement nuisibles. Selon les périodes, ils ont eu leur heure de gloire et leur heure d'impopularité. **Le malentendu est venu d'applications systématiques dans une optique de sélection à outrance, en perdant de vue la pertinence nécessaire. On ne peut qu'être favorable à une approche où chaque compétence nécessaire dans la fonction fasse l'objet d'un listing clair et qu'en regard, soit choisi l'outil disponible le plus pertinent et le plus réaliste pour permettre au décisionnaire d'éclairer son choix, sans avoir à choisir en son lieu et place.** Il est bien évident que le recruteur peut faire appel à un consultant extérieur (psychologue ou conseiller en recrutement) s'il choisit pour compléter l'évaluation d'un candidat de lui faire passer certains tests.

L'étude la plus récente et la plus complète sur la validité relative des différents outils et sur leur fréquence d'utilisation en France dans les entreprises et les cabinets a été réalisée par M.- L. Bruchon-Schweitzer de Bordeaux II et D. Ferrieux de Paris V. Nous en reproduisons ici les résultats synthétiques.

174

La tendance a été pendant ces dix dernières années de se focaliser sur le « sourcing » des candidatures plus que sur leur évaluation, face à la pénurie de candidats qualifiés dans certains domaines ; elle sera renversée dans les dix années qui viennent. Le mouvement est déjà amorcé parce que les décisionnaires sont mieux informés et savent faire la part entre les outils utiles et les outils sans intérêt. La notion de valeur ajoutée d'un outil, qui n'a pas la prétention de se substituer au consultant et au décisionnaire qui, *in fine*, prend une décision, a fait son chemin. **Ces outils seront d'autant plus utilisés qu'ils seront mieux connus, désacralisés et ramenés à ce pourquoi ils ont été créés.** Enfin, la banalisation des techniques d'approche directe, renforcée par les possibilités nouvelles d'internet, fait que l'intérêt se porte à nouveau vers l'évaluation et la revalorise. Ce n'est pas le consultant, qu'il soit interne ou externe à l'entreprise, qui s'en plaindra.

Mentionnons enfin deux moyens d'évaluation possibles, auxquels on fait moins souvent référence parce qu'ils ne sont pas des outils en soi :

- **La prise de référence**
  La plupart des cabinets et un certain nombre d'entreprises demandent des références aux candidats et, généralement, les contactent. Le recruteur a présent à l'esprit que ces références sont presque toujours positives, mais, **lorsque ce contrôle est fait de façon intelligente, ce qui est intéressant, c'est le descriptif et le mode d'emploi donnés par celui qui recommande.** Rappelons que cette prise de référence ne peut se faire sans l'accord du candidat ; le recommandant doit être prévenu par le recommandé, faute de quoi votre interlocuteur doit légalement s'en tenir à la confirmation des dates entre lesquelles la personne a été salariée de l'entreprise.

- **L'essai professionnel par l'intérim**
  Les agences d'intérim cadres ne sont pas encore très répandues mais elles se développent. Manpower et d'autres ont ainsi des agences spécialisées dans ce service aux entreprises. Tous ceux qui y collaborent n'ont pas forcément l'intention de travailler à nouveau en CDI, mais c'est le cas pour un certain nombre. Il est ainsi possible d'indiquer à ces candidats qu'une

mission peut déboucher sur un CDI : la période d'intérim peut alors prendre l'allure d'un essai professionnel ou d'un « *Assessment Center* » grandeur nature.

Figure 7. Méthodes d'évaluation classées
selon leur fréquence d'utilisation et leur valeur prédictive
(*source : Marilou BRUCHON-SCHWEITZER, université de Bordeaux II*)

Méthodes pratiquées	FRÉQUENCE		VALIDITÉ
	Rang	% d'utilisation	Rang
Entretien	**1er**	**98**	**8e**
Analyse graphologique	2e	97	10e
Tests de personnalité	3e	62	9e
Tests d'aptitude et d'intelligence	4e	55	2/5e
Exercices situationnels	**5e**	**28**	**1er**
Techniques irrationnelles	6e	25	10e
Tests de projection	7e	21	9e
Centre d'évaluation spécialisé	-	NS*	3e
Évaluation du travail antérieur	-	NS	4e
Données biographiques	-	NS	3e

* NS = non significatif

D'autres méthodes pour évaluer

Pour compléter l'entretien, il existe d'autres méthodes d'évaluation que l'on peut choisir d'appliquer en fonction des compétences que l'on veut évaluer et de l'éclairage qu'apporte cet outil :

- *les méthodes ésotériques de l'astrologie et de la numérologie, qui ne présentent aucune preuve de validité de contenu ni de validité prédictive ;*
- *la morphopsychologie, qui met en évidence la psychologie d'un individu selon la forme de son corps et de son visage et donne ainsi une idée de son mode de fonctionnement mais dont on ne peut tirer aucune conséquence sur la réussite de ce dernier ;*
- *la graphologie, qui repose sur la symbolique de l'utilisation de l'espace et sur les gestes psychomoteurs ;*
- *les tests, qui doivent être construits selon une méthodologie rigoureuse et présenter des caractéristiques statistiques précises :*
  - *les tests de mesure du niveau intellectuel,*
  - *les tests d'aptitudes spécifiques,*
  - *les tests de personnalité :*
    - *projectifs (d'utilisation assez restreinte),*
    - *objectifs (plus fréquemment utilisés).*

Les deux premières méthodes sont à déconseiller, les deux suivantes doivent être menées avec l'aide de professionnels compétents. Ne pas oublier que ces méthodes ne sont que des outils qui viennent compléter l'évaluation du candidat faite par le recruteur après l'entretien qu'il a eu avec lui.

L'HISTOIRE D'UN RECRUTEMENT

Deux candidats restent donc en lice.

Il est décidé de prendre des références sur les deux candidats retenus, avec leur accord. Ces derniers ont prévenu les « références » de l'appel du directeur des ressources humaines et l'entretien téléphonique porte alors sur le style de fonctionnement des intéressés. Bien évidemment les références ne sont pas dans l'entreprise actuelle des candidats.

Les commentaires ont une coloration tout à fait positive, et le DRH est intéressé par les points communs entre sa propre analyse et celle de ces interlocuteurs.

En outre, le DRH propose de faire faire une étude graphologique par une spécialiste connue de lui et un test de personnalité dans un cabinet déjà en relation avec la société pour d'autres missions.

En voici les résultats :

AVIS GRAPHOLOGIQUE

Candidat : Loïc CARDEL   **Poste : Directeur de gestion**

Le candidat aime le terrain ; il a besoin d'un poste opérationnel, avec des responsabilités, de l'autonomie, pour être jugé sur ses résultats. Il a de la présence, mais aussi pas mal de retenue et d'indépendance.

L'intelligence est concrète. Le candidat veille à étudier les problèmes sans états d'âme, en se fondant sur des éléments tangibles et fiables. Il sait faire parler les chiffres, raisonne avec rigueur, en termes d'optimisation des résultats, et fait preuve d'imagination pour trouver des solutions efficaces permettant d'améliorer ce qui existe. Il est d'une rigueur exigeante, avec le souci du détail exact ; la démarche est constructive, le sens critique bien aiguisé, les jugements affirmés. Le candidat, s'il sait écouter et observer, ne se laisse cependant pas influencer par le discours des autres : il a des arguments solides pour justifier ses positions et obtenir ce qu'il veut. Il fait preuve de maturité d'esprit et de fermeté dans ses décisions.

Le niveau d'activité est bon. Le candidat est un opérationnel soucieux d'avoir des responsabilités concrètes. Il les aborde avec détermination, esprit d'entreprise. C'est un homme énergique qui va au bout de chacun de ses engagements avec ténacité. Il est capable d'influer sur le cours des événements pour obtenir ce qu'il veut et ne fait pas beaucoup de concessions à son environnement lorsqu'il s'agit d'obtenir des résultats concrets et fiables. C'est un pragmatique qui maîtrise bien les situations et s'organise en fonction des opportunités, avec des méthodes rigoureuses, en prenant du recul. Il a toutefois besoin d'agir seul, doit verrouiller les situations de manière à ne pas donner prise à la contestation, pouvant s'entêter lorsqu'il a décidé d'atteindre son objectif : c'est un homme de développement concret qui se sent très concerné et met un point d'honneur à réussir ce qu'il entreprend.

Tout en ayant de la présence, le candidat ne semble pas chercher à plaire ni à susciter à tout prix l'adhésion. Le comportement est assez direct, avec une attitude sans doute réservée, voire même un peu défensive au départ : le candidat qui ne souhaite pas se laisser prendre par les sentiments se protège de son affectivité et de sa sensibilité. Il doit pouvoir durcir son comportement, et ses réactions sont parfois entières et directes. S'il met certaines formes, il n'est pas prêt à céder ni à se laisser prendre par les compliments : c'est un homme sans doute assez entier dans ses perceptions, qui ne doit pas se laisser facilement marcher sur les pieds.

En conclusion : un professionnalisme solide, avec du dynamisme, de la ténacité, le sens de l'engagement personnel et du résultat. Un homme efficace, autonome, responsable, avec beaucoup d'exigences personnelles.

AVIS GRAPHOLOGIQUE

Candidat : Laurent CÉDARE   **Poste : Directeur de gestion**

D'une présentation claire et retenue, le candidat est un homme prudent et réfléchi, qui avance méthodiquement, sans brûler les étapes.

La démarche intellectuelle est assez analytique. Le candidat qui est soucieux d'avoir en main toutes les informations dont il a besoin sait écouter, observer, aller dans le détail des problèmes. Il le fait avec réflexion, mesure et approfondissement, en comparant les données entre elles. Il sait prendre du recul vis à vis des situations pour en appréhender les différentes facettes, et c'est de manière constructive, posée et mesurée qu'il formule ses propositions. Il a le souci d'améliorer les choses, d'apporter au fur et à mesure sa touche personnelle. Il fait preuve de doigté et de mesure, et lorsqu'il prend une décision, elle se fonde sur une approche rationnelle, précise, dans laquelle l'intuition est prise en compte, mais où les impressions fugitives sont prudemment vérifiées.

La réflexion précède toujours l'action chez ce candidat dont l'objectif est qualitatif, et qui travaille sur le long terme. Il fait en sorte de prévoir les évolutions afin de ne pas être pris au dépourvu, et c'est avec méthodes qu'il verrouille les situations, ne laissant rien au hasard. Il avance progressivement, sur un rythme stable, régulier, prend au fur et à mesure ses points de repères. Il assure avec une certaine prudence, se comporte en responsable qui a de l'éthique et le sens de l'engagement personnel. C'est un homme fiable, bien organisé, qui assume ses responsabilités dans l'ordre et avec retenue, d'une manière persévérante.

D'une présence assez sobre, le candidat inspire rapidement confiance. Il a de bonnes facultés d'écoute, son comportement est fait de contrôle et de discrétion. S'il se tient ainsi un peu sur la réserve, il est néanmoins ouvert au dialogue et à l'échange. C'est dans une ambiance assez feutrée que ce candidat se sent le plus à son aise : il a besoin de relations claires et authentiques avec les autres, ne cherche d'ailleurs ni un pouvoir ni un statut, mais a suffisamment d'ascendant personnel pour savoir se faire reconnaître. Sans beaucoup de bruit, sans de grandes manifestations, mais avec une assez bonne diplomatie, il fait passer son message, avec fermeté et concision il explique les choses : il a le souci de faire adhérer pour mieux faire avancer son projet. Il demeure toutefois prudent dans la relation avec les autres, sans doute un peu en protection, n'étant pas prêt à beaucoup se livrer.

En conclusion : un homme d'analyse, clair, précis et rigoureux, qui assume ses responsabilités avec réflexion et prudence. Il avance avec mesure, en amenant peu à peu ses interlocuteurs à participer, en sachant de lui-même créer un climat feutré où l'écoute et le respect des autres sont des valeurs importantes.

Voici enfin les résultats synthétiques au test SOSIE :

Fiche et commentaire synthétique du test de personnalité « Sosie » N° 1

SOSIE

Nom : *CARDEL* Prénom : *Loïc* Sexe :

Profession : *Financier* Date : Age :

N° :

AXE 1 : DIMENSIONS PERSONNELLES

NS

8	A1	ASCENDANCE	*Affirmation personnelle*
5	E	STABILITE EMOTIONNELLE	*Contrôle des émotions*
7	ES	ESTIME DE SOI	*Image de soi*
8	V1	ENERGIE	*Puissance de travail et entrain*
7	R1	RESPONSABILITE	*Sens des responsabilités*

AXE 2 : ASPIRATIONS

NS

6	A2	REALISATION DE SOI	*Accomplissement de soi*
2	R2	CONSIDERATION SOCIALE	*Recherche d'un statut social*
7	I	INDEPENDANCE	*Autonomie*
3	V2	VARIETE	*Goût du changement*
7	B	BIENVEILLANCE	*Intérêt pour les autres*

AXE 3 : TRAVAIL

NS

6	C1	CIRCONSPECTION	*Prudence*
7	O1	PENSEE ORIGINALE	*Curiosité d'esprit*
6	P2	ESPRIT PRATIQUE	*Sens pratique*
5	D	ESPRIT DE DECISION	*Initiative et décision*
6	O2	ESPRIT D'ORGANISATION	*Organisation et méthodes*
4	G	ORIENTATION VERS UN BUT	*Orientation vers un but*

AXE 4 : ECHANGES

NS

9	S1	SOCIABILITE	*Facilité de contacts*
6	P1	RELATIONS INTERPERSONNELLES	*Acceptation des autres*
2	S2	DEPENDANCE	*Recherche d'approbation*
5	C2	CONFORMISME	*Respect des règles*
6	L	COMMANDEMENT	*Leadership*

3	STYLE A : **L'HOMME DE L'ORGANISATION**
8	STYLE B : **LE CHEF DE PROJET**
6	STYLE C : **LE FACILITATEUR**
2	STYLE D : **L'EXPERT**

Candidat : Loïc CARDEL **Poste : Directeur de gestion**

Monsieur Cardel apparaît comme un chef de projet, c'est-à-dire actif, rapide, qui aime agir en groupe. Il est ouvert aux idées novatrices. Il aime avoir de l'autorité et de l'influence sur les autres ; il fait preuve d'autonomie.

Ses traits dominants dans les dimensions personnelles sont l'ascendance et l'énergie.

Ses aspirations vont vers l'autonomie mais aussi la bienveillance : un intérêt pour les autres qui compense son risque d'autorité parfois trop forte.

Dans son travail, il manifeste surtout de la curiosité d'esprit. Viennent ensuite le sens pratique, la prudence et l'esprit d'organisation.

Ses échanges sont marqués par sa facilité de contact, par le sens du commandement, compensés par son bon niveau d'acceptation des autres.

Fiche et commentaire synthétique du test de personnalité « Sosie » N° 2

SOSIE

Nom : *CÉDARÉ*   Prénom : *Laurent*   Sexe :

Profession : *Financier*   Date :   Age : *40 ans*

N° :

AXE 1 : DIMENSIONS PERSONNELLES

NS

5	A1	ASCENDANCE *Affirmation personnelle*
7	E	STABILITE EMOTIONNELLE *Contrôle des émotions*
4	ES	ESTIME DE SOI *Image de soi*
7	V1	ENERGIE *Puissance de travail et entrain*
6	R1	RESPONSABILITE *Sens des responsabilités*

AXE 2 : ASPIRATIONS

NS

5	A2	REALISATION DE SOI *Accomplissement de soi*
7	R2	CONSIDERATION SOCIALE *Recherche d'un statut social*
3	I	INDEPENDANCE *Autonomie*
3	V2	VARIETE *Goût du changement*
6	B	BIENVEILLANCE *Intérêt pour les autres*

AXE 3 : TRAVAIL

NS

9	C1	CIRCONSPECTION *Prudence*
6	O1	PENSEE ORIGINALE *Curiosité d'esprit*
6	P2	ESPRIT PRATIQUE *Sens pratique*
6	D	ESPRIT DE DECISION *Initiative et décision*
9	O2	ESPRIT D'ORGANISATION *Organisation et méthodes*
8	G	ORIENTATION VERS UN BUT *Orientation vers un but*

AXE 4 : ECHANGES

NS

6	S1	SOCIABILITE *Facilité de contacts*
6	P1	RELATIONS INTERPERSONNELL *Acceptation des autres*
8	S2	DEPENDANCE *Recherche d'approbation*
7	C2	CONFORMISME *Respect des règles*
5	L	COMMANDEMENT *Leadership*

8	STYLE A : L'HOMME DE L'ORGANISATION
4	STYLE B : LE CHEF DE PROJET
2	STYLE C : LE FACILITATEUR
7	STYLE D : L'EXPERT

Candidat : Laurent CÉDARE   **Poste : Directeur de gestion**

Monsieur Cédare est l'Homme de l'Organisation. Prudent, il mène ses actions avec ténacité. Il suit une approche systématique. Il a besoin d'objectifs clairs. Trop de nouveautés le stressent.

Dans les dimensions personnelles apparaissent en premier sa stabilité, sa puissance de travail.

Ses aspirations le poussent vers la recherche d'un statut et l'intérêt pour les autres (bienveillance).

Dans le travail, deux traits dominent : la circonspection et l'esprit d'organisation.

Dans les échanges, une certaine dépendance lui donne le sens clair de la hiérarchie et le respect des règles.

© Éditions d'Organisation

7

L'approche
« Assessment Centers »

Quel terme faudrait-il utiliser lorsque l'on fait référence en français aux Assessment Centers ? En 1984, quand est paru notre livre sur les Assessment Centers [15], nous avions proposé avec un succès relatif d'utiliser le terme « bilan comportemental ». En effet, la traduction par « centre d'évaluation », qui avait été retenue par quelques journalistes il y a 20 ans, n'est pas la bonne et cela reste vrai en l'an 2000. Chaque article, dont nous faisions alors systématiquement l'analyse, commençait plus ou moins invariablement de la façon suivante : « Un centre d'évaluation (Assessment Center en Anglais) n'est pas un centre au sens géographique du terme, et ce n'est pas non plus une évaluation au sens classique ». À l'évidence, si l'on est obligé de commencer en ces termes, c'est que l'on a affaire à de « faux amis ». Et pour cause : le terme « center » fait aussi référence en anglais à un processus et, pour brouiller encore les pistes, quand on parle d'« assessment », on parle bien d'évaluation au sens large mais pas exclusivement d'Assessment Center. Ce dernier terme, dans tous les pays anglophones, désigne spécifiquement **une méthodologie d'évaluation basée essentiellement sur les comportements observés lors de mises en situations recréées artificiellement au travers de simulations.** En 1984, les termes de « bilan comportemental » étaient clairs pour nos partenaires des directions des ressources humaines et pour la plupart de nos candidats. C'était la grande explosion des bilans sociaux qu'établissent désormais la plupart des entreprises, c'était le démarrage significatif des bilans professionnels. Nous avons voulu mettre en exergue, dans ce contexte, ce qui est le point central des Assessment Centers,

---

15. Voir infra.

© Éditions d'Organisation

le comportement, en proposant le terme de « bilan comportemental » qui a été largement repris. Un certain nombre de nos confrères jugeant cette expression trop liée à Infraplan ont préféré utiliser le terme « Assessment Center », sans proposer d'équivalent en français. Nous n'engagerons pas de polémique sémantique. Pour le moment, l'usage est effectivement devenu de parler d'« Assessment Center », ou de « Bilan comportemental » dans d'autres cercles, mais ils font référence à la même approche.

Qu'est-ce qu'un Assessment Center ?

Un Assessment Center ou une session de Bilan comportemental est un processus d'évaluation de candidatures par rapport à une fonction. Il repose sur une mise en situation au travers de simulations qui reproduisent un poste, une fonction. Ces simulations permettent d'observer les comportements adoptés par les candidats. Ces comportements révèlent des compétences nécessaires dans une fonction.

Exemple

Pour comprendre immédiatement l'essentiel d'un Assessment Center, écoutons ce que décrit un candidat à un poste de directeur d'hôtel dans une chaîne multinationale [16] :

> « J'ai été participant la semaine dernière à une session d'Assessment Center. Après avoir été en contact avec la direction des ressources humaines du groupe qui m'avait présenté les postes à pourvoir, il m'a été expliqué que lorsque les premiers contacts s'avéraient positifs, il était demandé aux candidats de bien vouloir participer à une journée de mise en situation dans un cabinet. Il m'a été précisé d'ailleurs que les candidats internes suivaient le même processus, que ce soit

---

16. Depuis quelques années nous avons progressivement passé la main dans la direction d'OptimHom à Jean-Luc Chaouch. Nous tenons donc à le remercier lui et son équipe pour leur contribution à ce chapitre, en nous ayant fait partager leurs expériences récentes.

en France ou dans les divers pays du monde où ce groupe est installé. Du reste, dans les affectations possibles, plusieurs étaient à l'étranger et cela ne m'a aucunement surpris puisque j'ai déjà l'expérience de ce métier et de ce milieu. Mais ce qui m'intéresse, c'est d'avoir une responsabilité un peu plus importante dans un nouveau job, en terme de nombre de lits, de chiffre d'affaires et de personnel à gérer. On m'a dit que justement l'objectif de cette journée était de faire le bilan de mes compétences et de déterminer quel niveau de responsabilités j'étais en mesure d'assumer. Il m'a été précisé que j'aurais un feed-back total, à la fois écrit et oral de cette journée. J'avais déjà eu l'occasion de passer des entretiens et des tests, mais c'était la première fois qu'on me proposait de me donner un cas à régler. Cela m'a paru intéressant, et en tout cas original, mais j'étais quand même un peu anxieux. En tout cas, comme ce groupe et ce job m'intéressent, j'avais envie de courir ma chance : je n'avais donc pas tellement le choix.

« Quand je suis arrivé mardi dernier dans le cabinet, j'ai été reçu par un consultant. Il m'a précisé que pour des raisons de confidentialité, je ne serais pas en contact avec les autres candidats postulants à ces mêmes fonctions ; ils étaient reçus d'autres jours. Nous avons pris un café ensemble tout en parlant de mon parcours ; il avait sous les yeux mon CV.

« Il m'a expliqué que pendant toute cette journée j'allais découvrir la situation d'une unité, centre de profit, « qui avait pas mal de problèmes ». J'allais en être le responsable et j'aurais, l'après-midi, l'occasion de rencontrer un certain nombre de mes futurs interlocuteurs. J'ai appris lors du debriefing que ces rôles étaient tenus par des consultants du cabinet ou par des acteurs professionnels qui travaillaient régulièrement pour ce cabinet. Il m'a été indiqué que dans le bureau que l'on m'attribuait pour la journée il y avait une caméra dans l'angle de la pièce mais qu'elle ne serait branchée que pour les jeux de rôle de l'après-midi.

« La journée a commencé par trois heures de travail où je me suis retrouvé seul à mon bureau avec une enveloppe de documents et de notes diverses qui avaient été préparés par ma secrétaire ; je ne l'avais pas encore rencontrée. J'ai appris ensuite que cet exercice était appelé l'exercice de la « corbeille à courrier » (« in basket », en anglais).

« Des consignes m'ont été données oralement, puis laissées par écrit. J'étais donc le responsable nouvellement arrivé à l'agence Alter dont l'objet était le détachement de personnel intérimaire dans les entreprises. Pratiquement toutes les qualifications rentraient dans les prestations de cette agence, avec une part importante de leur marché dans le secteur hôtelier.

« Nous étions un samedi matin, l'agence dont je prenais connaissance était fermée. Mais j'étais invité à considérer ce qui s'était passé dans les jours précédents. Il me fallait aussi prendre les décisions nécessaires face aux problèmes que j'allais considérer comme les plus urgents. Mon prédécesseur était tombé malade et j'avais ainsi dû le remplacer au pied levé. J'avais trois heures devant moi pour faire de mon mieux, car l'après-midi serait chargée en rendez-vous de première urgence ; ensuite, la semaine suivante, nous devions tous être en séminaire résidentiel, et il ne me serait pas possible de reprendre les rênes de l'agence avant mon retour, prévu, donc, une semaine plus tard. Personne n'étant au bureau et personne n'étant joignable, je devais me débrouiller avec les éléments laissés par ma secrétaire et donner mes consignes par écrit.

« J'ai passé une bonne vingtaine de minutes à trier les documents contenus dans l'enveloppe ; j'ai pris connaissance de l'organigramme, des procédures de personnel et des procédures financières ; j'ai choisi de traiter en premier quelques problèmes qui me paraissaient ne pas devoir attendre. J'ai donc rédigé quelques mémos à l'intention de mes collaborateurs. Ma secrétaire avait posé ses congés avec l'accord de mon prédécesseur, mais cela coïncidait avec ma prise de fonction. Je l'ai donc priée de faire le maximum pour les reporter. J'ai pris plusieurs rendez-vous. J'ai eu aussi à réorganiser le planning prévu par mon prédécesseur. J'ai aussi stoppé la signature d'une subvention qu'il était prêt à accorder au club de foot local.

« Après le déjeuner, il y a eu une réunion avec quatre autres personnes de la société à qui j'ai dû présenter mon projet de redressement de l'agence. J'ai remarqué qu'elles apportaient des contre-arguments à chacune de mes propositions mais qu'elles allaient dans mon sens aussi quand j'avais apporté des arguments étayés sur des faits observés. Puis, on m'a signalé que l'un des clients principaux de l'agence était dans la salle d'attente et souhaitait me voir : j'avais déjà préparé un courrier à son intention le matin même. Puis un de nos commerciaux dont j'avais remarqué la performance en baisse avait décidé de venir me voir, ayant appris que je serais au bureau. En fin de journée, j'avais rendez-vous à nouveau avec le consultant qui m'avait accueilli le matin, et rendez-vous était pris pour dix jours plus tard afin que nous discutions de mes résultats. »

Résultats synthétiques du bilan établi avec le candidat

Cet assessment a fait l'objet d'une restitution orale de 1 h 30 et d'un document écrit d'une quinzaine de pages.

Sur les douze compétences managériales évaluées, cinq apparaissent très fortement (tout à fait maîtrisées) :

1.   la perception fine des situations,
2.   une hiérarchisation forte des priorités,
3.   un esprit d'initiative manifesté en quasi permanence,
4.   un leadership fort par rapport aux équipes,
5.   le sens relationnel.

Quatre ressortaient comme satisfaisantes mais pouvaient s'améliorer encore :

6.   le sens de la décision,
7.   le suivi,
8.   l'adaptabilité,
9.   la qualité de l'expression.

Trois apparaissaient comme ses lacunes, devant faire l'objet d'un développement attentif.

Surtout :

10.   l'organisation,
11.   la délégation.

Et dans une moindre mesure :

12. la mise en œuvre.

Historique des Assessment Centers

L'origine des Assessment Centers remonte à la Seconde Guerre
mondiale. Il y avait urgence pour le recrutement et la formation des
agents secrets qui seraient envoyés par l'armée américaine sur les
lignes ennemies. En plus des méthodes classiques basées sur l'examen du parcours et des expériences passées, des entretiens et des
tests dont l'armée américaine était déjà très consommatrice, il fut
décidé de mettre au point des sessions qui reproduiraient artificiellement les situations types auxquelles seraient soumis ces agents.
L'idée était de les sélectionner mais aussi de mettre en évidence les
points où il leur était possible de s'améliorer, pour les entraîner au
mieux pendant la période de formation prévue. Il est intéressant de
noter que dans cette équipe de départ figurait le professeur Henri
Murray d'Harvard, qui est par ailleurs l'auteur d'une théorie de la
personnalité et du fameux test projectif, le TAT, décrit au chapitre 6.

Rentrés dans les entreprises après la guerre, un bon nombre de ces
officiers sont devenus des cadres de la fonction personnel ; il ont eu
à faire face à des situations de recrutement et de promotion dans un
contexte de plein développement, celui des « Trente Glorieuses ».
Comme généralement les bonnes idées naissent parallèlement en
plusieurs lieux différents, on se rendra compte que des pratiques
similaires s'étaient développées au même moment en Angleterre.
Mais c'est à l'évidence aux États-Unis que le plus fort développement a eu lieu ensuite. Ces nouveaux responsables du personnel se
sont rendu compte que le meilleur ouvrier n'est pas nécessairement
un bon contremaître, pas plus que le meilleur vendeur n'est auto-
matiquement le meilleur chef de ventes. Ces anciens de l'armée se
sont souvenus des outils qu'il avaient vu fonctionner en situation de
crise et ils s'en sont très largement inspirés. Le succès fut immédiat,
les entreprises devinrent rapidement utilisatrices de ces méthodes,
et une bonne dizaine d'organismes de conseil de taille importante
se développèrent sur un plan international, accompagnant le plus
souvent des filiales de groupe américains et, un peu plus tard, des
sociétés locales également dans différents pays du monde occiden-

tal. L'une des raisons du succès de cette pratique a été son classement dans les méthodes de sélection considérées comme non discriminantes. Il fallait, pour être labellisé « *Equal Opportunity Employment* » (employeur offrant des chances « égales », quel que soit le groupe d'appartenance : la race, la religion, la couleur, le sexe, etc.), que la méthodologie retenue élimine les traits culturels et ethniques défavorables aux minorités.

Son développement dans les autres pays anglo-saxons a été très rapide. Il a pris beaucoup plus de temps dans les pays latins, plus particulièrement en France.

Il y a 20 ans, les premières applications avaient avorté. Ces premières expériences consistaient à traduire des « packages » très normés, conçus ailleurs. On déroulait une méthode et, comme trop souvent, on partait du principe que ce qui était bon pour l'oncle Sam, l'était aussi pour nous. Mais l'attachement que nous avions, et avons encore, plus pour les pratiques « essentialistes » que pour les méthodes comportementales et le scepticisme que nous manifestions, et manifestons toujours, face à toute tentative de quantification de l'humain étaient les freins essentiels à son développement. Passe encore que l'on évalue votre intelligence ; passe un peu moins que l'on parle de votre personnalité ; mais que l'on vous demande de montrer ce que vous savez faire… inacceptable !

En France, il fallait donc commencer de façon modeste et, surtout, partir des problèmes et non pas de la méthode, choisir les situations les plus difficiles et se focaliser sur les compétences que l'on avait du mal à appréhender avec les méthodes d'évaluation classiques. La démonstration de la valeur ajoutée forte était faite en utilisant seulement, au départ, l'exercice « in basket », déjà riche mais moins difficile à mettre en place qu'une session complète d'assessment. Mais c'est surtout depuis la vague d'intérêt et d'applications pour la gestion des compétences que les assessments se sont développés. **La méthodologie des Assessment Centers est**, en effet, **une réponse opérationnelle à la nécessité d'établir une cartographie des compétences. Elle est surtout un moyen efficace pour les détecter et les développer.**

Les applications sont désormais nombreuses et un fort développement a pu être observé depuis cinq ans. Nous recensons désormais au moins sept structures de conseil en France capables de répondre de façon très professionnelle à la demande des clients. Ce n'était pas le cas il y a dix ans.

Les utilisateurs ne sont plus seulement des filiales de groupes américains. Les métiers les plus fréquemment évalués au moyen de ces méthodes sont ceux qui comportent des compétences managériales tels que ceux de chef de vente ou chef de service technique dans le secteur informatique, directeur d'agence dans le domaine de la téléphonie, mais aussi pour des fonctions « d'entrée » telles que assistant clientèle, médecin dans des entreprises de transport aérien, journaliste-chef de rubrique dans la presse écrite, patron de marques dans le secteur touristique et hôtelier, responsable de centres de profit dans le secteur des banques et assurances.

Il est intéressant de remarquer que certains produits dérivés ne connaissent pas les freins qu'ont connus les Assessment Centers au départ. Les Latins ne semblent pas avoir de réticence devant ce qui est un essai professionnel grandeur nature : ils préfèrent la réalité à la simulation. C'est sans doute ce qui explique l'intérêt immédiat que les entreprises françaises manifestent pour les évaluations dites 360°. Elles sont une forme différente possible de l'évaluation des performances et consistent à proposer le même guide d'évaluation non plus seulement au supérieur hiérarchique mais à un échantillon de l'ensemble des membres du réseau relationnel du titulaire évalué. Lui-même s'auto-évalue et l'analyse porte sur les similitudes et les différences dans ces évaluations.

Les principes de base d'une approche Assessment Centers de l'évaluation

On peut résumer ces principes autour des mots clés suivants :

1- Bilan.
2- Comportement.
3- Dimension, talent ou compétence.
4- Simulation.
5- Observation.
6- Feed-back.

Le bilan

L'approche assessment se veut globale, dans une optique de gestion du potentiel humain. Elle est aux antipodes d'une approche déterministe et fait des prévisions pour une durée limitée. Elle est ainsi extrêmement pragmatique. **Le bilan est fait par rapport à un certain nombre de compétences et le postulat de base est que la plupart de ces compétences peuvent évoluer car le comportement est en grande partie modifiable.** Très instrumental, l'Assessment Center évalue par rapport à des responsabilités précises. Il n'a pas la prétention de prédire ce qui se passera à dix ou quinze ans.

Le comportement

Ce n'est plus aux aptitudes ou aux traits de personnalité que l'on s'intéresse mais aux comportements. L'approche est clairement « behaviouriste ». **C'est la réponse donnée aux stimuli que sont les situations, des réponses globales, synthétiques, positives ou négatives, dans une situation donnée.** L'intérêt est de pouvoir mettre les candidats dans des situations nouvelles en anticipant leurs responsabilités futures. C'est d'ailleurs pour cette raison qu'on a vu les assessments se développer dans le cadre de la promotion ou du développement de carrière, en tout premier.

Figure 8. Spécificité du Bilan comportemental

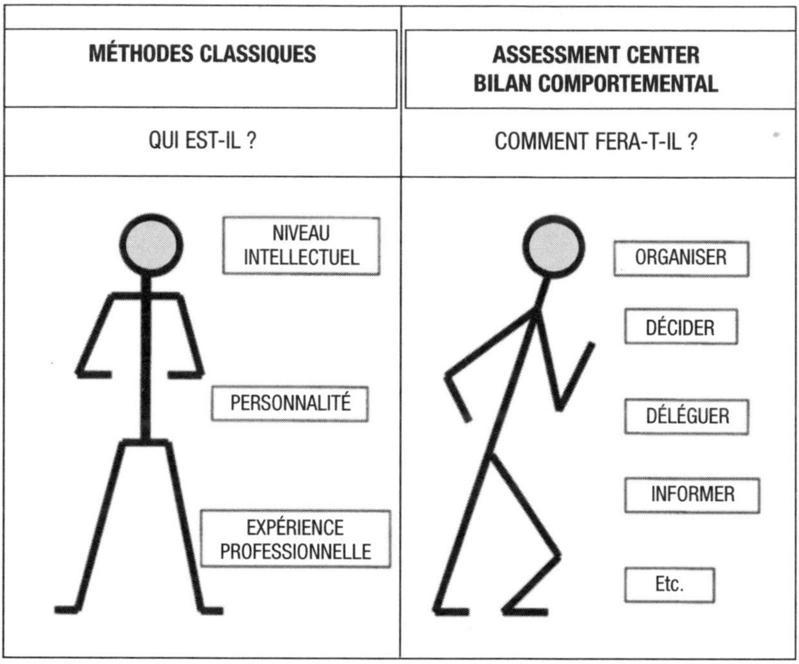

MÉTHODES CLASSIQUES	ASSESSMENT CENTER BILAN COMPORTEMENTAL
QUI EST-IL ?	COMMENT FERA-T-IL ?

NIVEAU INTELLECTUEL

PERSONNALITÉ

EXPÉRIENCE PROFESSIONNELLE

ORGANISER

DÉCIDER

DÉLÉGUER

INFORMER

Etc.

La dimension, le talent ou la compétence

On a vu comment les critères sont choisis, définis et hiérarchisés lors de l'analyse de poste (chapitre 2). Le tableau suivant illustre **comment l'on passe de la situation dans laquelle vont se présenter les incidents critiques (les stimuli) à l'analyse des réponses possibles (les comportements) qui manifestent la compétence recherchée.**

Figure 9. Un exemple de talent attendu

LA SITUATION	COMPORTEMENTS OBSERVABLES	LA COMPÉTENCE
Entretien avec un collaborateur	• Utilise son impact personnel • Rappelle des exigences de fonctionnement • Fournit des orientations • Arrête des objectifs de progrès • Subdivise l'objectif	**LEADERSHIP** === **Orienter, motiver** **Stimuler les autres vers l'atteinte d'un objectif commun**

La simulation

Ce sont les différents exercices proposés lors de la session. Ils doivent être suffisamment représentatifs de l'ensemble de la fonction. Ils ne sont pas la réalité elle-même du poste mais **ils concentrent en une session l'essentiel des problèmes que le candidat aura à traiter sur des périodes plus longues.** Cette simulation permet d'anticiper les situations, mais aussi d'en faire une observation plus fine.

La figure 1, page 28 au chapitre 2, illustre la façon dont on choisit ces simulations pour qu'elle traduisent l'ensemble d'une fonction.

L'observation

Elle se fait par les consultants ou la hiérarchie après qu'elle ait été formée à cette méthode. Auparavant, cette observation se faisait avec des observateurs en direct dans la salle ; leur tâche était de prendre en notes les comportements et de les décoder, ensuite, en les rapportant aux compétences reflétées. Désormais, avec le développement des équipements audiovisuels, il n'y a généralement plus d'observateurs dans la salle. Les simulations sont enregistrées. Ceci permet en outre de revenir sur les réponses qui suscitent un doute. Ces enregistrements sont également très précieux pour les restitutions qui débouchent sur du « coaching ».

Le feed-back

C'est une phase indispensable dans un processus complet d'assessment parce qu'il permet au candidat de faire siens les résultats et aux deux parties (hiérarchie et candidat) de se mettre d'accord sur les axes de développement privilégiés. Lors des processus d'assessment simplifiés pour des raisons de temps et de délais, le feed-back n'est malheureusement pas toujours aussi complet.

Les étapes dans la mise en place d'un Assessment Center

Ce schéma résume la démarche en étapes clés.

Figure 10. Les étapes d'un Assessment Center

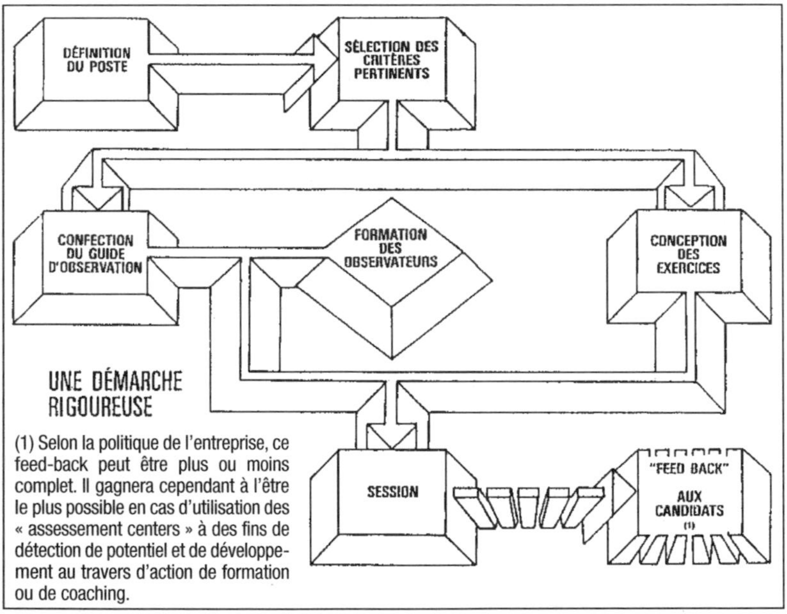

La phase de formation des observateurs est cruciale si le responsable hiérarchique participe à la mise en place et aux sessions d'assessment. Sa participation minimum est dans les phases en amont et en aval : il ne peut être exclu ni de la phase

194

de description, ni du choix des compétences à évaluer, ni de la phase finale de feed-back et du plan d'action. En revanche, nous avons vu la demande changer considérablement ces dernières années, en France et ailleurs. La participation active de la hiérarchie à la phase d'observation et d'interprétation des résultats est beaucoup moins demandée. C'est très regrettable car les bénéfices secondaires de l'observation pour les responsables hiérarchiques sont très importants. En effet, après un temps de formation et d'entraînement, cette compétence d'observation, d'interprétation, de feed-back devient une première approche du coaching. **Ces compétences, développées par la hiérarchie dans le contexte de l'assessment, sont extrapolables à un certain nombre d'autres situations professionnelles qui sont le quotidien du manager : évaluation de la performance, conduites d'entretiens pour fixer les objectifs, les suivre, les réajuster, assurer un feed-back, coacher ses collaborateurs sur des compétences précises, etc.**

Cette participation de la hiérarchie est parfois encore possible quand il s'agit de recrutements récurrents et suffisamment volumineux. Ce changement dans la demande est due à deux causes. La première est le recentrage de la plupart des entreprises sur ce qui représente le cœur de leur activité et, par voie de conséquence, l'externalisation des missions qui ne rentrent pas dans le rôle de pilotage qui devient l'essentiel dans la mission d'un cadre responsable. Ceci a eu pour effet le maintien des effectifs à un niveau minimum ou optimum, mais cela laisse peu de temps pour des activités considérées comme connexes. Ainsi ces entreprises, tout en gardant le contrôle du processus Assessment Center, préfèrent en sous-traiter la partie « technique ». La deuxième raison de cette évolution se situe dans la capacité de réponse que les cabinets conseils spécialisés en Assessment Centers sont désormais en mesure de donner à des cas « individuels ». Il y a vingt ans, la « casothèque » était aussi plus limitée et l'essentiel de la demande exigeait un travail « cousu main », spécifique à l'entreprise et à ses métiers. À côté de cela, **il y a maintenant la possibilité de choisir des exercices non spécifiques à l'entreprise mais construits pour mettre en relief les compétences retenues. Ceci a permis de rendre disponible l'accès aux méthodes Assessment Centers pour les PME : elles en étaient quasi exclues, de fait, au départ pour des raisons de coût.**

La validité des Assessment Centers

La question de la validité des Assessment Centers ne se pose pas de la même façon que celle de la validité des tests psychométriques. Plus le test est en apparence éloigné des missions et des tâches à accomplir, plus il est nécessaire de vérifier sa validité prédictive. C'est du reste la seule justification d'un test : qu'il y ait une corrélation entre les résultats à ce test et une performance ultérieure dans une partie de la fonction ou, encore mieux, la totalité de la fonction. **L'assessment se rapproche de l'essai professionnel. Sa première forme de validité est une validation de contenu.** C'est du reste une des raisons de sa crédibilité auprès des candidats et des opérationnels : **personne ne conteste le lien entre ce que le candidat doit faire pendant les simulations et ce qu'il aura à faire ultérieurement.** Bien évidemment, dans la plupart des cas, ceux qui sont sélectionnés sont plus convaincus ou satisfaits que ceux qui ne le sont pas. Autre élément important, les résultats montrent que l'auto-évaluation faite par le candidat et par les évaluateurs est très fidèle, avec une nuance importante : si l'auto-évaluation est formulée en : « Êtes vous quelqu'un qui délègue ? », on obtient des réponses fortement influencées par le phénomène de « désirabilité » (c'est-à-dire la tendance à s'approprier les qualités ou les compétences que l'interlocuteur est supposé rechercher ou valoriser). En revanche, si la question est : « Avez-vous délégué au cours de cette journée ? », on obtient des résultats différents. La question est évidemment de savoir si ceux qui ont délégué au cours des exercices sont bien ceux qui délégueront dans l'exercice de leur fonction grandeur réelle.

Validité de contenu

Nous avons fait référence dans le chapitre sur les tests à l'étude du professeur Bouchon-Schweitzer qui met en relief la meilleure validité des assessments par rapport aux autres instruments d'évaluation. Plusieurs mémoires et thèses d'étudiants, faits à Nanterre, à Paris V et à l'École de psychologues praticiens vont également dans ce sens.

Validité prédictive

L'étude la plus significative, par la taille importante de ses échantillons et le nombre de paramètres pris en compte, reste celle conduite par Douglass Bray chez AT & T et que nous avons relatée dans Le Bilan comportemental. Cette étude de validité prédictive portait sur 274 candidats, recrutés de 1956 à 1960. Il ne fut pas tenu compte de leurs résultats à l'assessment dans leur embauche mais, huit ans plus tard, l'ensemble de ces managers fut réévalué et leur réussite dans la vie professionnelle fut prise comme indice de validation finale par rapport à la prédiction faite par l'assessment. Les résultats montraient des corrélations fortes et ont été pour beaucoup dans le développement qui a suivi.

Dans l'étude principale, les auteurs étaient partis de 25 « dimensions » (on parlerait désormais plus volontiers de compétences). Elles n'étaient pas indépendantes les unes des autres. Ultérieurement, en 1966, les mêmes auteurs firent une analyse factorielle de leurs données statistiques. Elle a permis de mettre en évidence sept caractéristiques, évaluées lors des sessions d'assessment, fortement prédictives du « succès managérial » tel qu'il serait validé huit ans plus tard :

• les compétences administratives,
• les compétences relationnelles,
• les caractéristiques intellectuelles : potentiel d'apprentissage et éventail des intérêts,
• la stabilité des performances,
• la motivation pour le travail,
• l'intérêt pour sa propre carrière,
• la dépendance faible par rapport aux autres.

Suit, ci-dessous, le tableau récapitulatif des techniques d'évaluation qui se révélaient les plus appropriées pour dégager ces facteurs :

Figure 11. Tableau récapitulatif des techniques d'évaluation

Facteurs	Techniques d'évaluation
1	Exercice de tri de courrier (in basket)
2	Exercices de groupe
3	Tests de niveau intellectuel
4	Simulations
5	Techniques projectives et entretiens
6	Techniques projectives et rapports d'entretien
	Questionnaire de personnalité
7	Tests projectifs

Les auteurs de cette étude mirent également en relief le fait que la combinaison des différentes techniques (sauf celle des question-naires de personnalité) contribuerait à améliorer la valeur prédictive.

Ainsi la réussite des « managers » dans l'étude AT & T dépend-elle de deux facteurs : leur potentiel et les opportunités qui leur sont offertes en termes de développement. La nécessité de les évaluer correctement au moment du recrutement est également admise mais le coût des échecs est encore mal défini, la plupart du temps, et cette ignorance est sans doute responsable des moyens insuffisants qui sont confiés au recrutement des cadres. Le même constat s'applique à la situation que nous connaissons en France bien que de sérieux efforts aient été faits ici et là.

Les bilans sociaux des entreprises incluent en général des ratios et des analyses des coûts de recrutement qui peuvent être une premiè-re base à ce type d'analyse.

En 1973, paraissait aux États-Unis une autre étude sur les Assessment Centers comparés aux autres techniques. Son auteur, James Huck, concluait que la probabilité de choisir un cadre qui sera noté ultérieurement « satisfaisant » est de :

- 15 % lorsque la sélection est faite à partir d'impressions,
- 35 % lorsque la sélection est le résultat d'une évaluation complé-tée par une évaluation du potentiel autre que l'Assessement Center,
- 76 % lorsque la sélection est le résultat d'une concertation entre supérieurs hiérarchiques et les résultats de l'Assessement Center.

Il restera dans le futur à valider les résultats obtenus en France puisque les données collectées sont déjà suffisamment importantes.

Le développement de la méthode des Assessment Centers ou du Bilan comportemental est très lié aux résultats des études de validité. C'est en grande partie ce qui explique la réussite de cette approche aux États-Unis. Fort heureusement, depuis ces dernières années, la situation en France a changé : les premiers résultats se sont révélés très encourageants. Ces expériences, dans un contexte social plus favorable à des méthodes transparentes et négociables, nous rapprochent de la pratique américaine.

Mentionnons parmi les études sur la valeur prédictive des Assessment Centers, le mémoire d'Éric Septier mené chez Kodak (École de psychologues praticiens, Paris, 1994).

Exemples d'exercices d'assessment

Ils sont choisis de façon à ce que l'ensemble des critères retenus aient l'occasion d'apparaître. Cependant, chaque exercice n'a pas pour but de faire ressortir toutes les dimensions. Le fait nouveau depuis quelques années, en France comme chez la plupart de nos confrères à l'étranger, est de recréer une société virtuelle et de rester le plus constant possible pendant toute la session. Ainsi les personnages rencontrés après l'« in basket » dans les divers jeux de rôles ou exercices de groupe ont-ils déjà été découverts au travers des documents écrits. Nos collègues belges du cabinet Quintessence sont allés très loin dans ce sens et proposent un lieu physique avec un certain nombre de services disponibles pour le candidat selon ses besoins et sa demande.

Exercices individuels : corbeille à courrier ou « in basket »

Le principe est de mettre le candidat dans la peau du personnage principal. Il est l'acteur central en tant que contremaître, responsable d'un centre de profit, patron d'un hôtel, d'une agence de service informatique, d'une équipe de vente, etc. Il est seul, généralement, pendant 2 ou 3 heures, mais, selon les objectifs, des exercices plus courts peuvent être construits. Dans l'enveloppe remise au candidat, les problèmes à traiter se sont accumulés pendant l'absence du prédécesseur : lettres, messages téléphoniques, e-mails, rapports, etc. Il existe des « in basket » très spécifiques, celui par exemple conçu pour le recrutement des médecins d'une société de transport où aucun des incidents critiques présentés n'a été inventé (mais la réalité dépasse souvent la fiction).

Exercices de recherche d'information

Le candidat est mis devant un problème sur lequel il n'a que très peu d'éléments, mais l'information est disponible s'il la demande à un ou plusieurs interlocuteurs de son réseau relationnel. Une période de 15 à 30 minutes lui est donnée pour compléter son information. Il doit ensuite prendre une décision concernant le dossier et motiver cette décision. Il doit examiner, par exemple, deux dossiers d'augmentation ; un seul pourra être pris en compte lors de la prochaine réunion avec la direction des ressources humaines. Deux membres d'une même équipe sollicitent une même formation qui les conduirait à être absents au même moment. Le choix est inéluctable…

Jeux de rôles

Dans un assessment complet, l'idéal est de pouvoir inclure trois jeux de rôle, d'une vingtaine de minutes chacun : **avec un collaborateur** (par exemple, démissionnaire ou démotivé), **avec son responsable hiérarchique** qui attend un diagnostic et un plan de redressement **et avec l'un de ses pairs.** Ce pair pouvant être un interlocuteur extérieur à l'entreprise, un client très souvent, un acheteur, une personnalité locale en quête d'un « sponsor », etc. **Ces rôles sont prédéterminés et les joueurs de rôle ont un scénario précis à suivre.**

Exercices de groupe

Ils sont un peu plus difficiles à mettre en place lors de recrutements de candidats en poste. **Pour des raisons de confidentialité, on ne** peut généralement pas mettre dans un même exercice des candidats en compétition les uns avec les autres et qui peuvent se connaître. On fait tenir alors les autres rôles par des « acteurs ».

Voici deux exemples classiques d'exercices de groupes :

* Le premier est **la commission vitrine**. Le groupe est composé de six à huit personnes appartenant à une importante agence de voyage. Il est chargé de composer la vitrine de l'agence en sélectionnant les voyages à promouvoir et les éléments à exposer (affiches, mobiles, maquettes). Chaque membre défend un voyage différent. La vitrine est trop petite pour contenir tous les thèmes : un choix doit être fait.

* L'une de ses variantes est **la commission des salaires**. Chaque membre défend le dossier d'un collaborateur pour l'obtention d'une prime pour résultats exceptionnels. Il y a une somme maximum à ne pas dépasser. Il faut arriver à une décision.

Les critères qui ressortent le mieux pendant ces exercices de groupe sont la communication orale, la persuasion, l'impact et le leadership, l'écoute, et la contribution au travail de l'équipe.

Le tableau à double entrée ci-dessous illustre la façon dont on procède dans le choix des simulations à retenir :

Figure 12. Comment choisir ses exercices « Assessement »
Dimensions et simulations : poste de contremaître

Simulations			
Dimensions	«In Basket »	Recherche d'information	Exercices de négociation	Entretien recherche de faits
1) Organnisation	X			X
2) Prévision	X	X		
3) Prendre des initiatives	X			X
4) Analyse	X	X	(X)	
5) Jugement	X	X		X
6) Diplomatie	X		X	
7) Décision	X	X	X	
8) Négociation			X	X
9) Informer	X		X	
10) Être informé		X	X	
11) Contrôler	X			X

Conclusion

L'importance du feed-back

L'intérêt des Assessment Centers réside dans le feed-back très approfondi qu'ils permettent, de façon écrite et de façon orale.
Il est centré sur la mise en exergue des axes de développement. Il est conseillé de le finaliser seulement après avoir mis d'accord le responsable hiérarchique et la personne évaluée (dans les évaluations promotions ou développement, du moins). Dans le cas du recrutement, ce rapport se termine par les conseils d'intégration, pour celui qui intègre la société.

Le rapport inclut une partie narrative sur la façon dont le candidat a traité les problèmes, situation par situation, et une partie quantitative, le comparant à une population de référence et au seuil d'exigence pour la fonction visée. Cette partie quantitative est faite compétence par compétence, mais aussi situation par situation : il est par exemple très intéressant de voir si le critère « prise de décision » ou « impact » se manifeste de façon différentielle vis-à-vis de son équipe et vis à vis de sa hiérarchie.

Quand peut-on ou ne peut-on pas mettre en place un Assessment Center ?

À l'expérience, il faut distinguer les demandes qui concernent les cas individuels et nominatifs des approches collectives.

En effet, **lorsqu'il s'agit de cas individuels, l'examen se fait généralement chez un consultant et les résultats sont alors l'affaire du candidat, du décisionnaire et de la direction des ressources humaines.**

Dans le cas d'une démarche collective, impliquant un ensemble de partenaires dans l'entreprise, on se situe généralement dans un contexte de changement ; **il est** alors **nécessaire d'arriver à un consensus sur les critères communs aux différents postes et sur ceux qui sont spécifiques.**

Si ces méthodes sont appliquées pour les recrutements extérieurs, c'est, pratiquement dans tous les cas de figure, qu'elles le sont déjà pour les promotions et le développement de carrière. La volonté de l'équipe de direction est alors d'avoir une approche cohérente entre ce qui se passe au moment du recrutement, ce qui se passe lors de l'appréciation des performances et ce qui se passe en matière de promotion et de développement des carrières. Il doit y avoir cohérence dans la stratégie visée au travers de chacune de ces étapes. On optimise son fonctionnement si les critères retenus au moment de l'appréciation des performances correspondent bien à ceux qui ont été présentés au moment de la prise de poste. **Par le fait qu'elle permette, mais aussi qu'elle exige, la transparence, cette approche, quand elle concerne l'organisation de façon globale, ne peut s'implanter que si elle correspond à une volonté du management.**

Dans un mode d'organisation taylorien, dans un mode d'organisation bureaucratique ou dans une société à dominante autocratique, il est clair que ces méthodes n'ont aucune chance de donner le meilleur d'elles-mêmes. Elles sont alors un gâchis, compte tenu de l'investissement temps qu'elles demandent. Pour reprendre la distinction de Mc Gregor entre les organisations de type X (taylorisées, centralisatrices et non participatives) et les organisations de type Y (qui fondent leur développement sur celui des hommes qui la composent), les assessment dans des organisations de Type X ont pour résultat principal de faire ressortir les incohérences et créent d'autant plus de frustrations qu'il y a une « dissonance » forte entre la philosophie de ces outils et le mode de gestion global de l'entreprise. Ce phénomène, bien connu désormais, est décrit par les chercheurs en psychologie sociale, Katz et Festinger, sous le nom de théorie de la dissonance cognitive.

EN RÉSUMÉ

L'approche « Assessment Center »

Un Assessment Center ou une session de Bilan comportemental est un processus d'évaluation de candidatures par rapport à une fonction. Il repose sur une mise en situation au travers de simulations qui reproduisent un poste, une fonction. Ces simulations permettent d'observer les comportements adoptés par les candidats. Ces comportements révèlent des compétences nécessaires dans une fonction.

Ses principes de base s'organisent autour des mots clés suivants :
- *Le bilan par rapport à un certain nombre de compétences.*
- *Le comportement, une réponse aux stimuli des situations.*
- *La dimension, la compétence, le talent.*
- *La simulation, avec des exercices représentatifs de la fonction.*
- *L'observation, par les consultants ou la hiérarchie.*
- *Le feed-back, phase indispensable.*

Il comprend :
- *Des exercices individuels dits corbeille à courrier ou « in basket ».*
- *Des exercices de recherche d'information.*
- *Des jeux de rôles.*
- *Des exercices de groupe.*

📖 *L'HISTOIRE D'UN RECRUTEMENT*

Le président d'ARTIBRED et son DRH se posent la question d'une approche assessment. Mais, à ce stade, la décision se porte clairement sur l'un des candidats et le directoire, consulté, trouve préférable de ne pas rallonger les délais.

En revanche, il est proposé au finaliste de participer ultérieurement à une session d'assessment avec l'ensemble du comité de direction dans le cadre du développement des compétences managériales et du travail en équipe. Celui-ci aura donc pour objectif de définir les points forts et les points d'amélioration de chacun, au niveau individuel, et les complémentarités des membres pour optimiser leur fonctionnement (team-building).

⑧
Embaucher un candidat

La prise de décision

Le moment fatidique est arrivé, toutes les étapes ont été franchies, restent deux ou trois candidats en lice. Il faut choisir. S'il n'y a pas à ce stade de recette miracle, certaines attitudes prévalent. Voici les conseils que vous pouvez suivre :

- Résumer les avantages et les inconvénients de chacun.
- Revenir aux priorités de l'entreprise.
- Ne pas choisir le candidat qui satisfait à « peu près » tout le monde.
- Reprendre un rendez-vous si nécessaire.
  Mais, attention ! le temps joue contre vous, il faut vous positionner rapidement car le marché du travail est à nouveau très tendu.
- Réfléchir et prendre ses précautions ne peut que rassurer le candidat qui souhaite souvent en faire autant.
  Mais, attention ! réfléchir n'est pas tergiverser.
- Faire rencontrer au candidat quelques futurs collègues ou collaborateurs est possible.
  Mais, attention ! le décisionnaire reste le futur patron, car aucun candidat ne plaira également à tous.

En fait, lorsque toutes les étapes ont été bien menées, la décision s'impose, tout simplement, assez naturellement d'elle même.

Quel feed-back donner au candidat ?

Trois éléments sont à prendre en compte : l'obligation légale, le cas idéal et ce qu'il est possible de faire.

Les dispositions juridiques

Les dispositions juridiques sur le sujet sont plus précises depuis 1992 (loi Aubry). Ce sont les « dispositions relatives au recrutement et aux libertés individuelles » qui font désormais partie du Code du travail.

Trois principes sont rappelés dans ces dispositions :

- le principe de transparence,
- le principe de confidentialité,
- le principe de pertinence.

Le principe de transparence

Les textes précisent que « les candidats à un emploi et les salariés doivent être informés, préalablement à leur mise en œuvre, des méthodes et techniques d'aide au recrutement et d'évaluation professionnelle utilisées à leur égard ». **Il est donc illégal d'utiliser un outil à l'insu d'un candidat, qu'il soit ou non ésotérique.**

Le principe de confidentialité vis-à-vis des tiers

Le candidat, le consultant et le futur employeur ont libre accès à ces résultats, mais **il est interdit de communiquer ces résultats à des tiers sans accord de l'intéressé.**

Le principe de pertinence

Il était fort utile de le rappeler, même si cela n'est pas suffisant pour faire abandonner les méthodes ésotériques à ceux qui en usent en vertu d'une croyance. Néanmoins, la loi n'est pas plus précise sur ce que sont les critères de pertinence. Il ne pouvait pas en être autrement. Il est impossible au législateur de décréter de ce qui est « scientifiquement » acceptable, surtout dans le domaine de la pratique. Cependant, **il devrait pouvoir être mis sur pied, pour les** candidats, **des procédures de recours et de contrôle en cas de dérive notoire d'une entreprise ou d'un cabinet.** Ce rôle devrait logiquement être rempli par les organismes professionnels, représentants de la profession et/ou offices de qualification : le pire est à craindre s'il s'agit d'organismes administratifs.

L'entretien de feed-back, lorsqu'il y a eu utilisation de techniques complémentaires autres qu'un simple entretien, est une obligation. Ce n'est pas pour autant qu'il faut exiger un rendez-vous de face-à-face : ce serait parfois trop lourd pour le candidat comme pour le recruteur. Un contact téléphonique peut être suffisant.

Du bon usage des textes pour le recruteur

Par souci du respect du candidat, vous pouvez être tenté d'en faire plus que nécessaire. Votre temps n'est pas extensible et vous n'êtes pas dans l'obligation d'assurer à chacun des candidats un très long « debriefing ». **Communiquer les résultats graphiques d'un test, avec une synthèse d'interprétation téléphonique, est le minimum exigé si le candidat le souhaite.** En revanche, vous ne pouvez expliquer le poids de chaque élément dans la décision finale. Vous ne pouvez non plus lui communiquer le rapport écrit qui vous a été adressé par le consultant extérieur, dès lors que ce rapport contient des informations confidentielles concernant l'entreprise et les autres candidats. Or, le cas se présente souvent en phase finale. Épisodiquement, certes, mais plusieurs fois au cours de sa carrière, le recruteur aura à affronter la situation difficile où la demande d'explication appelle implicitement une justification que le candidat ne demande qu'à contester. **L'explication est donnée pour aider le candidat, non pour le déstabiliser ni pour revenir sur la décision,** ce qui dans tous les cas de figure serait préjudiciable à un tiers. De plus, les candidats qui font partie de la « short list » sont souvent très proches les uns des autres : la décision est souvent prise selon le besoin de l'entreprise et généralement sur les lacunes des finalistes.

Conditions d'embauche et contrat de travail

Les éléments à prendre en compte

Le positionnement salarial est fixé au moment de la définition du poste. Mais, généralement, sa fourchette est assez large. Les grandes entreprises ont pratiquement toutes des grilles de salaires auxquelles elles dérogent relativement peu. Ces grilles sont établies à partir des classifications de postes, elles établissent des fourchettes et permettent de comparer un candidat à la moyenne et à la médiane de son groupe. Ceci permet de veiller à une cohérence interne. Cette politique salariale a aussi pour but de situer ses salaires par rapport au marché extérieur, avec un pilotage qui se fait selon la stratégie et les possibilités de l'entreprise. Ces entreprises ont généralement pour optique de se situer au niveau du marché pour être bien positionnées par rapport à leurs concurrents, sans vouloir dépasser ces niveaux moyens de rémunération, soit pour maintenir une forte marge de rentabilité, soit parce qu'elles offrent d'autres avantages et qu'elles souhaitent que les candidats les rejoignent aussi avec d'autres motivations (formation, développement, expatriation, mobilisation pour un projet, intérêts humains).

D'autres ont pour stratégie, parce que leurs résultats le leur permettent, de se situer entre 10 et 20 % au-dessus du marché, par exemple. Cette politique permet effectivement souvent d'attirer les candidats de son choix (beaucoup ne résistent pas à une offre aussi alléchante). Mais elle a aussi ses inconvénients : « l'employabilité » à l'extérieur devient plus difficile ; en cas de problème, il faudra « pousser » le candidat dehors, puisque peu d'offres pourront le satisfaire. Enfin, il est toujours difficile de reconnaître que l'on se situe au-dessus du marché pour d'autres raisons que sa seule compétence. Le but recherché avec ces sur-salaires n'est pas toujours atteint. Il l'est encore moins avec des sous-salaires. Évidemment, **le salaire mensuel net n'est pas le seul élément à prendre en compte : la partie avantages sociaux peut faire la différence d'une entreprise à l'autre.** Quoi qu'il en soit, il est nécessaire de communiquer ces éléments aux candidats potentiels, la tendance étant encore à prendre en compte surtout les éléments immédiats de la rémunération (surtout pour les jeunes diplômés).

Dans les avantages, sont à prendre en compte les primes, bien sûr, les avantages en nature, les véhicules de fonction, la participation, les « stock options », les plans de retraite et de prévoyance, ces éléments qui peuvent parfois bénéficier d'une fiscalisation plus favorable au candidat.

Le cas de l'expatriation offre un certain nombre d'avantages, en compensation aux contraintes qu'il crée. La gestion de l'expatriation est devenue, elle aussi, une spécialité qui permet aux entreprises d'optimiser leurs investissements dans ce domaine. L'évolution récente est de ne pas traiter différemment l'affectation dans des pays étrangers proches de l'affectation dans des villes éloignées de la résidence du candidat, bien que situées dans son pays d'origine. Il existe parfois des avantages selon le lieu où est rémunéré l'expatrié : une partie de son salaire est versée à son lieu de travail, une autre partie là où il peut être administrativement rattaché. Ces principes de « split-pay » sont souvent un leurre pour les candidats : ils ont tendance à faire pression pour que la part payée ailleurs que sur leur lieu de travail soit aussi importante que possible. En cas de contestation de l'administration fiscale, le salarié lui-même est responsable du risque qu'il a pris.

Enfin, le délai de préavis réciproque est parfois assorti d'une clause particulière. **Les trois mois traditionnels de période d'essai** pour les cadres, avec possibilité d'un renouvellement, **sont assortis, pour certains cadres dirigeants, d'une clause dite « parachute ».** Celle-ci est proposée quand l'entreprise réceptrice fait quitter au salarié une structure dont on évalue réciproquement qu'elle proposait à son salarié un avenir intéressant. Pour compenser cette perte de sécurité, il peut être proposé des garanties en cas de séparation ; celles-ci peuvent être très importantes et c'est pourquoi on parle de « golden parachute ». Ce « parachute d'or » est mis en forme avec l'espoir qu'il n'ait pas à être utilisé.

Les clauses de non-concurrence existent surtout pour les postes qui ont une composante commerciale. Des clauses particulières de « confidentialité » existent aussi pour les candidats qui travaillent pour la Défense ou dans certaines administrations. Elles doivent être examinées très tôt dans le processus de recrutement.

Certaines sont tout à fait valides, d'autres ne sont pas précises parce que, pour un commercial, par exemple, elles ne définissent pas clairement l'espace, la durée et la nature des produits ou des organisations concurrentes ; elles doivent aussi être assorties de compensations financières pour être applicables. Faute d'être claires, elles ont souvent une optique dissuasive et sont donc souvent négociables si elles ne sont pas nulles.

Comment mener la négociation salariale ?

La véritable négociation n'a pas lieu dès les premiers contacts. C'est pourquoi, on comprendra tout à fait que le candidat indique une fourchette plus qu'un chiffre précis.

S'il y a négociation, c'est qu'il y a cas particulier : cela nécessite donc un échange d'informations et de points de vues entre recruteur et recruté. C'est pourquoi les décisionnaires sont parfois réticents à donner des indications précises sur le niveau de salaire possible parce qu'il veulent, à juste titre, que le salaire soit essentiellement fonction des compétences apportées par le candidat, de sa valeur sur le marché et de son historique. La fourchette du possible doit cependant être donnée pour « cibler » le candidat. Tous les fichiers, et pratiquement toutes les messageries, exigent de donner une information salariale : c'est un des paramètres d'entrée pour le candidat – comme pour le recruteur en recherche. Ce n'est pas un engagement *a priori*, puisque la proposition finale dépend du positionnement précis du candidat par rapport aux marchés externe et interne.

En ce qui concerne la pratique, si le candidat se situe dans la fourchette admise, il n'est pas envisageable de lui proposer moins que ce qu'il a. Il arrive cependant que certains commettent des erreurs de négociation. **Une augmentation de 20 % est un maximum la plupart du temps, sauf si le candidat est à l'évidence sous-payé.** Il arrive que changer de poste pour le même niveau de salaire soit fréquent, à condition que d'autres éléments soient en jeu (fragilité de son poste ou de la structure, arrivée de nouveaux dirigeants, etc.). La tendance de ces dernières années a été une certaine stabilisation, hormis quelques recrutements de candidats vedettes ou phares absolument nécessaires au développement de sociétés au sein d'un univers très concurrentiel ou très médiatisé. Dans une négociation, si le salaire affiché dans les communications est de 600 à 700 kF, il n'est pas pensable pour un candidat qui se situe nettement au-dessous de négocier au niveau maximum de la fourchette, voire même au niveau inférieur. Dans certaines recherches, plusieurs scénarios sont retenus dès le départ, en particulier lors de recherches sur des profils rares. Il peut être envisagé d'adapter la structure au profil arrivant, les complémentarités ou les compensations peuvent jouer, ce qui explique des positionnements salariaux variables.

Le contrat de travail

Il doit impérativement être établi avant que le candidat n'intègre l'entreprise. Mais **il arrive que le contrat,** qui généralement demande un délai avant d'être établi, **soit précédé d'une lettre d'intention d'embauche,** pour que le candidat soit en mesure de donner rapidement sa démission ou tout simplement pour qu'il puisse arrêter sa recherche et abandonner les autres propositions. Ce cas de figure est extrêmement fréquent.

On se reportera au livre de Guy-Patrice Quétant et Michel Pierchon[17] pour couvrir, de façon exhaustive, les questions qui se posent dans la rédaction d'un contrat de travail.

Les désistements de dernière minute
En connaître les causes

Ils sont la hantise des recruteurs.

Certains désistements sont dus à la lenteur du recruteur dans sa prise de décision mais d'autres à ce que le candidat a changé d'avis. Il est logique que la simple curiosité puisse jouer au départ chez le recruté, le « chasseur » en joue également, mais il n'est tout simplement pas courtois de faire perdre son temps au recruteur en

---

17. *L'Embauche, guide juridique et pratique*, Éditions d'Organisation, Collection de l'institut Manpower, 1998.

attendant le dernier moment pour se désister. Quelques rares candidats sont ainsi connus pour aller le plus loin possible afin de mesurer leur « employabilité », ce qui ne peut que les dévaloriser. Mais tout recruteur normalement constitué, et tout responsable hiérarchique du reste, trouvera normal qu'après l'entretien avec son futur patron éventuel, il y ait désistement parce que l'offre s'est précisée, parce qu'un élément nouveau est apparu ou que le « *fit* » n'est pas bon. Si des facteurs accidentels sont intervenus (mauvaise forme de l'un ou l'autre des partenaires, oubli d'un élément important, etc.), il faut alors savoir faire la part de l'essentiel et de l'accessoire.

Le décisionnaire aura tout intérêt à garder présent à l'esprit que le candidat qu'il reçoit, surtout à la suite d'une approche directe, n'est pas encore complètement convaincu de l'intérêt pour lui d'un changement. Un certain nombre de désistements interviennent parce que le poste n'a pas été bien présenté (vendre n'est pas sur-vendre), ou parce que « l'opérationnel » oublie qu'il doit renforcer la motivation du candidat pour son management. Il arrive encore que des entreprises semblent trouver suspect qu'un candidat s'intéresse à elles : « Pourquoi est-il intéressé ? », sous-entendu : « C'est étrange qu'il le soit ! ». **Cet entretien avec le futur patron est absolument crucial car c'est là que tout se confirme ou s'infirme par rapport aux étapes précédentes.**

Force est de constater que les éléments de qualité de vie sont devenus très importants dans le choix de l'emploi, en particulier pour les jeunes diplômés et les jeunes cadres. Tout le monde dans l'entreprise et chez les recruteurs pense systématiquement en terme d'équilibre de vie, d'horaires acceptables, de souplesse dans la gestion du temps, des horaires, etc. L'équilibre est possible mais la souplesse face aux contraintes est incontournable. Il y a actuellement une méfiance forte vis-à-vis de ceux qui commencent d'abord par mettre des barrières.

Plus profond que ce souci de qualité de vie, ou plutôt complètement inhérent à ce qui fait la qualité de la vie, est la qualité de la relation avec son futur patron et l'équipe à laquelle on sera intégré. C'est un confort auquel sont sensibles la plupart des candidats. Des considérations humaines interviennent pour beaucoup comme la possibilité de se bâtir un réseau amical sur son lieu de travail : confiance et connivence sont des termes de plus en plus exprimés dans les attentes. C'est aussi la possibilité de se construire un réseau interne.

Le mécanisme des cerises rouges face aux désistements

Lorsqu'une mission de recrutement aboutit au désistement du finaliste, il est fréquent d'avoir à reprendre toute la mission. Le deuxième candidat, pour lequel on n'aura pas cherché le même consensus, apparaît alors comme une solution de repli. En comparaison, il semble faible, moins approprié : c'est sans doute la cerise qui paraîtra plus mûre dans un autre panier. Cette attitude *a priori* défavorable en cas de désistement du n° 1 a aussi une influence sur son propre choix. S'il ressent qu'on l'embauche faute de mieux, il est tenté de refuser, surtout face à d'autres propositions.

Là aussi, l'enjeu mérite que les différents partenaires prennent un peu de recul. La transparence est toujours payante ; un changement d'optique est toujours explicable au candidat sans avoir à lui mentir.

De la décision à l'intégration

La négociation du préavis

Elle est souvent souhaitée par l'entreprise réceptrice mais elle est rarement un critère de recrutement. Ce n'est pas une bonne chose de donner la préférence à un candidat plutôt qu'à un autre sur cette base. L'attitude de l'employeur face au préavis de départ varie selon les entreprises mais aussi selon les fonctions. Ainsi, dans les fonctions commerciales, y a-t-il souvent accord pour raccourcir le temps du préavis légal ; dans les fonctions de gestion, il n'est pas rare que le préavis soit effectué en quasi totalité. La tendance actuelle est plutôt à la réduction du préavis. Quant à la nécessité d'attendre plusieurs mois avant de pouvoir intégrer l'entreprise, elle est rarement le fait de l'employeur. Celui-ci, quand sa décision de recruter est prise, n'a qu'une hâte : voir le candidat à la tâche. En revanche, si la date d'intégration est clairement établie, la plupart des décisionnaires accepteront que le candidat prenne un congé avant de les rejoindre, ne serait-ce que pour régler des questions matérielles.

L'intégration du candidat

Elle nécessite d'abord d'annoncer le recrutement puis de présenter le nouvel arrivant à ses interlocuteurs ; ensuite, après quelques semaines, ou plus vite si un événement important arrive, **de faire le point sur la satisfaction réciproque.** Il y a des erreurs qui sont pardonnables et récupérables des deux côtés : l'erreur fatale est de ne pas les voir.

Cette intégration se fait de plus en plus sous forme d'une période structurée, où des rencontres ont lieu avec les principaux interlocuteurs mais aussi, pour les entreprises qui mènent un nombre important d'intégrations en même temps, des séminaires de présentation approfondis sur la société et ses métiers.

Enfin, un entretien a généralement lieu avant la fin de la période d'essai ; si celle-ci doit être reconduite, il est primordial d'en expliquer les raisons et ce que l'on attend comme preuve avant de confirmer l'engagement définitif.

Pour les jeunes diplômés, le parrainage se répand. Chaque nouvelle recrue peut avoir un parrain autre que son supérieur hiérarchique, surtout dans les cas où les jeunes cadres ont été embauchés en pépinière, sans rattachement hiérarchique dans un premier temps.

Cette intégration s'appuie souvent sur des documents écrits du type : « Manuel du nouvel embauché », « Renseignements pour les nouveaux arrivants », etc.

Dans les cas de déménagements nécessaires, la plupart des employeurs acceptent que la famille ne suive pas au départ. C'est souvent le cas à cause de la scolarité des enfants, la double carrière. C'est aussi le cas pour des raisons de sécurité : le nouvel arrivant attend la fin de sa période d'essai pour être sûr d'être confirmé dans son nouvel emploi.

La question de gestion des carrières

Il est assez rare qu'une séparation arrive avant la fin de la période d'essai du fait de l'employeur. Cependant, cela peut advenir, notamment dans les fonctions commerciales où un objectif de résultats est donné.

Dans les autres cas, **c'est plus souvent le fait du candidat parce qu'il estime que le poste n'est pas, à court terme, ce qui lui avait été décrit.** Le départ de l'entreprise de celui qui devait être le responsable hiérarchique de l'embauché est souvent le motif du désistement de ce nouvel arrivant. **C'est un échec pour tout le monde, et mieux vaut en analyser les raisons pour ne pas les reproduire.**

La réussite n'est pas nécessairement dans la longueur de la carrière chez un même employeur, mais chacun attend tout de même une durée minimum. Il vaut mieux deux années d'une bonne collaboration que dix années de médiocrité. Désormais, rares sont les groupes qui recrutent pour une carrière à vie, même si un certain nombre de nouveaux venus y feront effectivement carrière jusqu'à leur retraite. Très peu de candidats imaginent encore que puisse leur être proposé un plan de carrière précis et immuable car chacun, ou presque, a compris que de telles promesses seraient difficiles à tenir.

Si la « navigation aux instruments » devient de plus en plus complexe, ce n'est pas une raison pour retourner à la « navigation à vue ». Les probabilités statistiques existent, un scénario qui échoue peut être remplacé par un autre. Et, pour le candidat postulant, la comparaison des politiques d'une société à l'autre est un élément déterminant dans son choix.

Des exemples de parcours, la présentation du système de promotion, la possibilité à deux, quatre ou cinq ans de faire un bilan de carrière, la transparence dans les opportunités et les critères de choix donnent au candidat la possibilité de se préparer à son évolution. Les informations sur cette gestion sont un des critères qui, souvent, fait pencher la balance, tout autant que le salaire. En revanche, il existe aussi des candidats plus motivés par une relation « mercenaire », sans que ce terme soit péjoratif. Le free-lance en est parfois le bon exemple ou la position de cadre intérimaire, même si actuellement ce dernier est encore rarement quelqu'un qui a choisi de l'être - mais les choses changent.

Le suivi des hauts potentiels

Un certain nombre de sociétés établissent des commissions qui décident, au vu des remontées du terrain et des résultats, d'une liste de salariés considérés comme les hauts potentiels pour l'avenir de la société. Cette cartographie des potentiels de demain et des besoins recensés permet d'établir des organigrammes prévisionnels et des plans de succession. Tout plan reste une précision probabiliste.

Cet exercice de gestion des ressources est réajusté à étapes régulières. **L'intérêt est de suivre plus particulièrement cette population stratégique pour l'entreprise et d'éviter de la perdre.** Une préparation à ses futures responsabilités est mise sur pied.

On se rend compte ainsi que **l'entreprise oscille entre deux contraintes,** en apparence contradictoires : **veiller à « l'employabilité » de ses salariés, pour ses besoins internes ou pour l'extérieur, et, parallèlement, trouver le moyen de fidéliser ses hommes clés.** Chacun garde sa liberté et, parmi ceux qui sont repérés comme hauts potentiels, un certain nombre d'entre eux est susceptible de partir plus vite parce qu'ils sont souvent plus sollicités par l'extérieur aussi.

Il est très utile de décrire ces outils et processus qui sous-tendent la politique de carrière aux candidats potentiels. Faute d'avoir une politique ressources humaines, certaines sociétés peuvent, certes, être tentées de mettre en avant quelques outils à la mode, mais, à l'inverse, une politique sans outil reste lettre morte. On se rend compte du très fort facteur d'attraction que l'on peut avoir auprès des candidats approchés quand on peut donner ce type d'informations.

Faut-il aborder les questions de rupture dès l'arrivée du nouveau salarié ?

La réponse est oui. L'entreprise se doit désormais d'inclure dans ses budgets les coûts pour rupture de contrat de travail. Elle doit

inclure dans son schéma de décision le paramètre risque de départ provoqué ou risque de départ volontaire.
Sans aucun doute, la plupart des interlocuteurs ne sont pas encore prêts à aborder sereinement ces questions ; cependant, elles devront l'être un jour.

Bien évidemment, les conventions collectives sont le minimum garanti en terme d'argent. Le champ est ouvert pour proposer des services et des accompagnements plus importants lors de la séparation [18].

---

18. Voir à ce propos : Antona J.-P. *La Rupture du contrat de travail : guide juridique et pratique*, Éditions d'Organisation, Paris, 1998.

EN RÉSUMÉ

Enfin l'embauche

- *La prise de décision : si les étapes préalables ont été bien menées, elle s'impose d'elle-même.*
- *Le feed-back : les dispositions juridiques y incitent, tout en respectant les principes de transparence, de confidentialité et de pertinence.*
- *La négociation salariale :*
  - *- le salaire,*
  - *- les avantages sociaux,*
  - *- les primes.*
- *le contrat de travail :*
  - *- la possible lettre d'intention d'embauche,*
  - *- la période d'essai,*
  - *- les clauses de non-concurrence ou de confidentialité.*
- *Les désistements de dernière minute.*
- *La négociation du préavis.*
- *L'intégration du candidat.*
- *La question de gestion des carrières.*
- *Le suivi des hauts potentiels.*
- *La question d'une éventuelle rupture du contrat de travail.*

L'HISTOIRE D'UN RECRUTEMENT

Notre DRH et notre président ont un échange approfondi. Leur choix est difficile. Mais, finalement, il se porte sur monsieur Loïc CARDEL parce qu'il leur apparaît plus meneur et plus homme de contact, les compétences techniques dans leur domaine se révélant pratiquement équivalentes chez les deux finalistes.

Ils misent sur un contact plus accrocheur chez monsieur CARDEL : il sera utile dans son accompagnement des responsables d'unités dans leur gestion et l'orientation à donner aux produits (qu'ils soient à la fois de grande qualité et rentables pour l'entreprise).

Monsieur CARDEL est revu pour finaliser son embauche. Son contrat de travail est établi et il le retourne quelques jours plus tard.

Cinq semaines se son écoulées depuis le démarrage de cette recherche.

Un courrier est adressé à l'ensemble des candidats reçus pour les informer de la clôture de cette recherche.

Rendez-vous est pris avec monsieur CARDEL pour le présenter à l'équipe de direction.

Deux mois plus tard, monsieur CARDEL intègre l'entreprise car il a pu raccourcir son préavis.

Conclusion

Faire le bon choix en matière de recrutement nécessite une connaissance ciblée de l'autre. Il nous a paru utile d'inciter le lecteur à réfléchir sur la méthode à adopter afin de s'entourer des professionnels qui conviennent quand on le peut, ou de mener ses missions le mieux possible par soi-même, autrement.

Notre principal souci aura été d'éviter les conseils multiples et inévitablement réducteurs, parce que trop rapides, sur ce qu'il faut faire ou ne pas faire. Ces derniers ont été très largement diffusés ces dernières années mais, pour utiles qu'il soient, ils risquent aussi d'infantiliser le recruteur en herbe. Suivre ces conseils sans comprendre le fond du problème, c'est vouloir soigner un symptôme sans considérer sa cause.

Rien ne sert de se battre contre les murs. La sophistication à laquelle nous sommes arrivés en matière de recrutement peut nous faire perdre le bon sens. C'est pourquoi, il n'est pas rare de voir des décideurs s'entêter sur des profils qui n'existent pas. Le temps passé à chercher cette perle rare aurait pu être utilisé à laisser se former un autre candidat plus courant sur le marché du travail. Les nouvelles possibilités de « sourcing », les méthodes d'évaluation de plus en plus sophistiquées ne pourront jamais créer le parfait candidat.

Il ne nous est pas possible de terminer ce livre sans une note d'optimisme importante. Certes le marché du travail est bousculé par la nécessité de changement et d'adaptation rapide. Certes, le cadre juridique est à la traîne ; certes, les pouvoirs publics proposent des mesures toujours généreuses mais qui, souvent, meurent ou sont détournées de leur objectif par une administration inadaptée. Mais, à côté de cela, vécu individuellement, le temps de la recherche est un temps formidablement riche, où l'on rencontre nombre de personnes réellement intéressantes, avec des projets si bien structurés qu'elles stimulent presque immédiatement des actions innovantes.

Annexes

Déclaration des droits et devoirs de l'entreprise et du salarié

Article premier

Toute personne quels que soient son âge, son sexe, sa situation de famille, ses origines, son métier, son statut, est potentiellement porteuse d'une contribution utile à l'entreprise.

Article II

Concilier l'économique, le social et l'humain

L'objectif de l'entreprise est de devenir un lieu de production de richesses, de biens ou de services cohérent avec la société dans laquelle elle vit. Elle doit obtenir la contribution économique de chacun tout en favorisant son épanouissement professionnel et personnel.

Article III

Sceller un engagement mutuel

L'entreprise ne peut pas garantir à ses salariés la sécurité de l'emploi en échange de leur adhésion pleine et entière. La relation qui lie le salarié et son employeur engage fermement les deux parties sur un objectif commun à un moment donné. Les deux parties ont le devoir de définir le cadre dans lequel la contribution du collaborateur peut être optimale ainsi que les règles qui garantissent la loyauté réciproque.

Le salarié a le droit et le devoir de construire son parcours professionnel, éventuellement dans plusieurs métiers et dans plusieurs entreprises. Il a le droit de demander la modulation de son activité professionnelle en fonction de ses choix de vie et l'entreprise doit chercher à lui faciliter cette modulation.

L'entreprise et le salarié ont tous les deux le devoir d'anticiper et d'agir contre les situations qui les bloqueraient l'un et l'autre dans leur devenir.

Article IV

Parler le même langage

La notion de compétence donne à l'entreprise et au salarié un langage commun. L'entreprise a le devoir d'inciter le salarié à appréhender son identité professionnelle en termes de compétences.

Elle a le droit d'attendre de son salarié qu'il se l'approprie pour évoluer et gérer sa progression.

Article V

Apprécier pour évoluer

L'entreprise a le devoir d'apprécier les expériences, le degré de mobilité, les performances et les motivations du salarié dans un souci de dialogue, de sincérité et de progrès.

Déclaration des droits et devoirs de l'entreprise et du salarié
Page 2

Elle a le droit et le devoir d'évaluer régulièrement ses compétences, son potentiel et ses comportements, ainsi que l'adéquation entre ses compétences et les fonctions qu'il occupe.
Elle a le droit et le devoir d'utiliser pleinement les compétences de ses salariés lorsque celles-ci peuvent concourir à son projet et à l'exercice de son métier.
Elle a le devoir de donner au salarié les moyens d'apprécier et de mesurer sa contribution.
Le salarié a le droit de s'informer sur les résultats de cette évaluation, les moyens utilisés et les éléments dont l'entreprise dispose pour identifier ses caractéristiques professionnelles.

Article VI
Valoriser le capital-compétences

L'entreprise n'est pas propriétaire des compétences de ses salariés.
Le salarié doit mettre ses talents et ses compétences au service de l'entreprise. Il a le devoir de connaître les compétences qu'il détient.
L'entreprise doit tenir le salarié informé lorsque ses compétences risquent de devenir obsolètes.
Celui-ci a le droit et le devoir de les actualiser et de les développer. Il a le droit et le devoir de s'ouvrir à l'extérieur et de chercher d'autres terrains d'enrichissement.

Article VII
Élargir les champs d'action

Celui qui entre dans l'entreprise doit être assuré de conserver sa valeur sur le marché du travail. L'entreprise peut être un réel terrain d'apprentissage, à condition que chacun propose et accepte les opportunités qu'elle offre.
Elle a le droit de demander au salarié de faire évoluer ses acquis professionnels. Elle a le devoir de lui en fournir les moyens.
La maîtrise de plusieurs métiers est un facteur d'employabilité. L'entreprise doit favoriser la polycompétence de son collaborateur et la reconnaître.

Article VIII
Élargir la vision

L'ouverture sur le futur et l'ouverture sur l'extérieur sont nécessaires pour gérer sa trajectoire de manière responsable.
Le salarié a le droit d'être informé de ce qui peut avoir des incidences sur la pratique de son métier et ses choix professionnels.
L'entreprise a le devoir de l'informer des développements et des enjeux auxquels elle veut faire face.
L'entreprise a le devoir de rendre disponible cette information et de créer pour cela les outils et les supports de diffusion.
Le salarié doit accepter que l'évolution de ses responsabilités soit fonction de l'évolution de ses compétences, de ses comportements et de ses motivations.

Déclaration des droits et devoirs de l'entreprise et du salarié
Page 3

Article IX
Vivre flexible

L'entreprise et le salarié doivent, ensemble, intégrer la flexibilité comme composante du travail et, donc, de l'évolution professionnelle. Cette flexibilité concerne le lieu et le temps de travail, le contenu du poste et les modes de travail, qu'il s'agisse de s'organiser autour d'un projet, par objectif, seul ou en équipe. La flexibilité peut également se traduire par l'arrêt de la collaboration entre l'entreprise et le salarié.

Article X
Avancer de concert

L'entreprise doit rendre visibles ses besoins pour anticiper l'évolution des compétences qui lui seront nécessaires à terme.
Elle a le droit et le devoir d'organiser les moyens d'une réflexion et d'un dialogue pour optimiser la cohérence entre les attentes du salarié et les siennes, et pouvoir anticiper.
Elle doit dessiner les passerelles existant entre ses différents métiers et ceux accessibles à l'extérieur.

Article XI
Échanger les pratiques

La richesse de l'entreprise est composée de l'ensemble des compétences de ses salariés, il est important qu'elle favorise entre eux les échanges de savoir-faire. Ainsi, le salarié doit partager savoir et compétences.
Il doit veiller et être encouragé à remplir une mission de formation auprès des membres de sa propre équipe.
Le salarié qui cesse son activité a le devoir de prévoir et d'organiser le transfert de ses compétences si l'entreprise le requiert.

Article XII
Continuer à apprendre

L'entreprise doit reconnaître et faire reconnaître les efforts que met en œuvre le salarié pour acquérir, enrichir et actualiser ses compétences.
Pour contribuer à leur adaptabilité future, elle doit maintenir, chez tous les salariés, la capacité d'apprentissage, le goût de se former et l'aptitude à conduire leur trajectoire. Cette responsabilité est encore plus importante vis-à-vis des jeunes salariés qui auront à tracer leur trajectoire, demain.

OBSERVER, ET FAIRE OBSERVER, CETTE CHARTE EST UN ACTE CITOYEN DE L'ENTREPRISE ET DU SALARIÉ EN FAVEUR DE LA CITÉ.
Ce texte a été rédigé sous la direction de Jean-Luc Buridans par Fanny Barbier, Michel Benoist, Thierry Boyer, François Decreus, Pascal de Longeville, Christiane Maréchal et Pierre-Yves Mosse, consultants de cabinets membres de l'Ascorep.

Charte de déontologie

SYNDICAT DU CONSEIL EN RECRUTEMENT

SYNTEC

CHARTE DES MEMBRES DU
SYNDICAT DU CONSEIL EN RECRUTEMENT

Le Conseil en Recrutement recherche l'adéquation des hommes à leurs futures responsabilités et s'applique à concilier ainsi l'épanouissement des personnes et l'efficacité des entreprises.

1. Il exerce sa profession dans le respect des droits fondamentaux de la personne humaine. Il est, en particulier, respectueux de la vie privée et ne pratique aucune discrimination ethnique, sociale, syndicale, sexuelle, politique, religieuse.

2. Il s'emploie à transmettre l'échange d'informations complètes et sincères entre les parties concernées. Il éclaire la réflexion de celles-ci et favorise l'expression d'un choix libre et responsable.

3. Il se conforme aux exigences du secret professionnel et s'interdit d'utiliser les informations qu'il reçoit à d'autres fins que la réussite de la mission.

4. Il ne reçoit aucune rémunération de la part des candidats, déclarés ou potentiels.

5. Il n'accepte que des missions qu'il estime, en conscience, correspondre à sa formation et à ses aptitudes.

6. Il intervient sur la base d'une proposition écrite qui définit avec précision le contenu et les modalités de la mission, nécessairement exclusive, qui lui est confiée.

7. Il met en oeuvre des méthodes validées qu'il maîtrise et a le souci de l'amélioration constante de la qualité de ses techniques et de la compétence professionnelle de ses consultants.

8. Il formule des appréciations limitées aux seules perspectives professionnelles de la mission dont il a la charge.

9 Il tient informé ses interlocuteurs, entreprises et candidats, de l'évolution de la mission.

10. Il observe les règles d'une concurrence loyale à l'égard de ses confrères.

Chaque adhérent s'engage à respecter et faire respecter l'ensemble des principes énoncés dans cette Charte.

30, RUE FABERT 75007 PARIS · TÉL. : 01 45 55 25 81 · FAX : 01 45 55 97 84
SYNDICAT PROFESSIONNEL RÉGI PAR LE TITRE 1ᵉʳ, LIVRE IV DU CODE DU TRAVAIL · SIRET 384 718 904 00012 · APE 911 C

© Éditions d'Organisation

Glossaire

AESC. Association of Executive Search Consultants.

ANPE. Association nationale pour l'emploi (voir carnet d'adresse).

APEC. Association pour l'emploi des cadres (voir carnet d'adresse).

Approche directe (ou « Search » en anglais). Consiste à contacter directement le candidat potentiel sans attendre qu'il se manifeste lui-même. Une opération complète consiste à identifier de façon exhaustive la cible possible en reconstituant les organigrammes de ces sociétés cibles.

Assessment Center. Méthodologie de détection et de développement des potentiels, traduit souvent par « bilan comportemental ». Elle utilise des simulations de poste pour faire ressortir les compétences au travers des comportements manifestés, sous observation directe ou indirecte.

CNIL. Commission nationale informatique et liberté. Elle est chargée, entre autre, d'établir les règles éthiques de tenue de fichier et intervient quand elle est informée de leur non respect.

Coaching. Terme utilisé surtout dans le domaine sportif qui signifie entraînement. Le coach est aussi le répétiteur, le préparateur. En ressources humaines, le terme coaching fait référence aux actions individuelles, par différence ou par complémentarité, aux actions collectives, qui visent à développer une personne dans sa performance professionnelle. Le coach adapte sa prestation au besoin spécifique de cette personne.

Contingency. Signifie sous condition. En recrutement, ce terme fait référence à la pratique qui conditionne le paiement des honoraires à l'organisme prestataire à l'embauche de l'un des candidats présentés. On oppose cette pratique à celle dite de « retainer » qui consiste à exiger l'exclusivité de la mission et/ou le paiement du travail effectué. Les associations professionnelles comme Syntec ou l'AISC exigent de leurs adhérents qu'ils excluent le « contingency » de leurs pratiques.

Core business. Signifie cœur des affaires, noyau central, noyau dur. Fait référence au fait de se recentrer sur sa mission essentielle en l'opposant aux pratiques de diversification.

Curriculum vitæ. En latin, parcours de vie. Parcours de vie professionnelle désormais.

Décisionnaire. En recrutement, désigne la personne à qui revient la décision finale d'embauche. C'est, en général, et les professionnels du recrutement le reconnaissent toujours, le futur hiérarchique du candidat.

Dunn and Bradstreet. Voir Kompass, même définition.

Employabilité. Désigne la possibilité d'un salarié de se remettre en selle dans une fonction si la sienne vient à disparaître. Ce concept fait désormais référence à ses compétences et à son positionnement salarial par rapport au marché du travail. Un « bon » positionnement rend employable, un décalage important fait courir un risque

Empowerment. Signifie responsabilisation. Fait référence en ressources humaines à un courant de développement des organisations qui vise à rendre les structures les plus plates possibles pour responsabiliser au maximum les salariés les plus proches du terrain, du client ou de l'utilisateur final de leurs services. Il vise ainsi à valoriser la base d'une organisation.

Évaluateur. Dans le process du recrutement, désigne la ou les personnes chargées d'évaluer les compétences présentées par les candidats en regard des compétences exigées par la fonction et son environnement. Désigne aussi la ou les personnes chargées de mener l'évaluation des performances.

Évaluation à 360°. Désigne un processus d'évaluation des performances ou un échantillon représentatif de l'ensemble des interlocuteurs d'un collaborateur qui participe à l'évaluation, et non plus seulement le supérieur hiérarchique. Cette évaluation se fait généralement au travers d'un questionnaire portant sur les compétences principales à mettre en œuvre dans une fonction.

Fit. terme anglais qui signifie être bien ajusté, avoir une bonne accroche avec, « bien passer auprès de ».

Hay. Société de conseil d'origine américaine connue en particulier pour sa méthode de description et de classification des fonctions, désormais un grand classique dont d'autres méthodes, dites « maison », se sont inspirées.

In Basket. Signifie la corbeille à courrier. De façon plus générale, ce terme désigne l'un des exercices utilisés dans l'Assessment Center : c'est une mise en situation.

Incidents critiques (Méthode des…)**.** Développée au départ par l'Américain Flanagan, elle est reprise dans les méthodes de description de fonctions Assessment Centers. Elle fait ressortir les problèmes « spécifiques » à une fonction, ceux qui justement sortiront de l'ordinaire parce que non prévus. Ce sont eux qui font justement appel à la mise en œuvre des compétences de façon « critique » ou différentielle selon les individus.

Intrapreneurship. Par complémentarité à l'entrepreneurship (esprit d'entreprise) fait référence à l'esprit d'entreprise à l'intérieur même de l'organisation dont on est le collaborateur.

Kompass. Éditeur de documents d'informations sur les entreprises (CA, rentabilité, effectifs, organigrammes principaux, etc.).

OPQCM. Office professionnel de qualification du conseil et du management. Donne un label de qualité à ses postulants, après vérification de leurs pratiques. Des représentants de la profession font partie de la commission de qualification.

Plan média. Désigne l'ensemble des supports (écrits, radio, internet, etc.) que l'on a l'intention d'utiliser pour obtenir un « sourcing » satisfaisant. Il est assorti d'un budget prévisionnel qui permet de faire ses choix selon le meilleur rapport qualité-prix.

Reengineering. Processus qui consiste à repenser les organisations en les recentrant sur leur finalité essentielle et leurs clients. Les structures sont simplifiées de façon à réduire au maximum les échelons hiérarchiques, structures aussi plates que possible et aussi proches que possible de l'utilisateur. Ce processus implique également la volonté de responsabilisation des acteurs (empowerment).

Retainer. En recrutement, ce terme fait référence au mandat d'exclusivité que demandent les consultants en recrutement. Il est donc l'opposé naturel du « contingency ».

Short-list. Liste des finalistes présentés au décisionnaire lorsque la mission d'approche et d'évaluation des candidats se termine.

SNPAC. Syndicat national des publicitaires en annonces classées.

SSII. Société de service en ingénierie informatique.

Sourcing. Opérations qui consistent à « capter » des candidatures pour pouvoir ensuite les évaluer par rapport aux besoins d'une organisation. Le pôle le plus actif du sourcing consiste à approcher directement les candidats. Le pôle le plus passif consiste à les laisser se manifester (candidatures spontanées par exemple).

Support. Désigne le journal ou le service internet où va paraître le message rédigé par le recruteur.

Syntec. Syndicat du conseil en recrutement.

Turn-over. En anglais, ce terme désigne aussi le chiffre d'affaires. En français, c'est le coefficient de départ, le ratio ou le pourcentage de salariés qui quittent une entreprise. On peut parler aussi de turn-over interne, c'est-à-dire le départ d'une fonction de l'entreprise vers une autre fonction dans cette même entreprise.

Web. Littéralement « la toile », désigne le réseau internet constitué de « sites » qui sont accessibles à ceux qui s'y connectent.

Index

Bibliographie

- **Agard, Josiane, et Vaz, Philippe.** *Le Recrutement de A à Z,* InterÉditions, Paris, 1988.
- **Antona J.-P.** *La Rupture du contrat de travail : guide juridique et pratique*, Éditions d'Organisation, Paris, 1998.
- **Barbier, Fanny et Brunetière André.** *Manifeste pour le lien social*, Les Éditions Liaisons, 1997.
- **Cere, Thierry, Nervet, Alain-Charles et Rouault Franck.** *Une entreprise vous recherche*, Les Presses du Management, 1995.
- **Ernoult, Victor, Gruère, Jean-Pierre, et Pezeu, Fabienne.** *Le Bilan comportemental dans l'entreprise*, PUF, Collection Gestion, Paris, 1984.
- **Jardilier, Pierre.** *La Maîtrise de l'emploi*, Presses Universitaires de France, Paris, 1982.
- **Jouve, Daniel et Massoni, Dominique.** *Le Recrutement*, PUF, 1993.
- **Quétant, Guy-Patrice et Pierchon Michel.** *L'Embauche, guide juridique et pratique*, Éditions d'Organisation, Collection de l'institut Manpower, 1998.
- **Vermes, Jean-Paul.** *Le Guide du CV*, Collection Figaro Économie, 1995.

Composé par Proscan 2000
Achevé d'imprimer : Jouve - Paris
N° d'éditeur : 2318
N° d'imprimeur : 288266V
DÉPÔT LÉGAL : décembre 2000
IMPRIMÉ EN FRANCE